山西古村镇系列丛书

山西省住房和城乡建设厅组织编写

师家沟古村

薛林平 温雪莹
梁双 石伟 于丽萍 著

中国建筑工业出版社

图书在版编目(CIP)数据

师家沟古村/薛林平等著. —北京：中国建筑工业出版社，2010.8
(山西古村镇系列丛书)
ISBN 978-7-112-12244-8

Ⅰ.①师… Ⅱ.①薛… Ⅲ.①乡村-古建筑-简介-临汾市 Ⅳ.①K928.71

中国版本图书馆CIP数据核字（2010）第134235号

责任编辑：费海玲
责任设计：董建平
责任校对：赵　颖　刘　钰

山西古村镇系列丛书
山西省住房和城乡建设厅组织编写

师家沟古村

薛林平　温雪莹　梁　双　石　伟　于丽萍　著

*

中国建筑工业出版社出版、发行（北京西郊百万庄）
各地新华书店、建筑书店经销
北京方舟正佳图文设计有限公司制版
北京方嘉彩色印刷有限责任公司印刷

*

开本：787×1092毫米　1/16　印张：13$\frac{1}{2}$　字数：324千字
2010年10月第一版　2010年10月第一次印刷
定价：65.00元
ISBN 978-7-112-12244-8
　　　（19498）

版权所有　翻印必究
如有印装质量问题，可寄本社退换
（邮政编码 100037）

《山西古村镇系列丛书》

主　编：王国正　李锦生
副主编：张　海　薛明耀　于丽萍

《师家沟古村》

著　者：薛林平　温雪莹　梁　双
　　　　石　伟　于丽萍

丛书总序

  我曾多次到过山西，这里丰富的历史遗存和深厚的人文底蕴，令人赞叹，给人的印象非常深刻。山西省建设厅张海同志请我为《山西古村镇系列丛书》作个序，在这里我就历史文化遗产和古村镇保护等有关问题谈一些粗浅的想法。

  国际经济社会发展的经验证明，一个国家城镇化水平达到30%以后，城镇化进程不断加快，随之出现城市建设的高潮；人均生产总值达到1000～3000美元时，进入经济发展的黄金期，也是多种矛盾的爆发期，这个时期不仅可能引发各种社会矛盾，还会出现许多问题。我国城镇化水平2003年就已经超过了40%，人均生产总值2006年已经超过了2000美元，国民经济快速发展，城镇化进程不断加速；在城市建设日新月异的发展中，中央又审时度势提出了"两个趋势"的科学判断，作出了加强小城镇和新农村建设的决策。过去，我国城市的大批建筑遗存，正是在大搞城市建设中遭到毁灭性破坏。现在，我国农村许多建筑遗产，能否在小城镇和新农村建设中有效保护，正面临着严峻考验。处理好小城镇和新农村建设与古村镇保护的关系，保护祖先留下的非常宝贵、不可再生的文化遗产，是历史赋予我们义不容辞的责任。

  对于建筑历史文化遗产的保护，人们的观念不断创新、思路逐步调整、方法正在改进，从注重官府建筑、宗教建筑的保护，向关注平民建筑保护的转变；从注重单体建筑的保护，向关注连同建筑周边环境保护的转变；尤其是近年来，特别关注古村镇的保护。因为，古村镇是区域文化的"细胞"，是一个各种历史文化的综合载体，不仅拥有表现地域、历史和民族风情的民居建筑、街区格局、历史环境、传统风貌等物质文化遗产，还附着居住者的衣食起居、劳动生产、宗教礼仪、民间艺术等非物质文化遗产。我国现存有大量的古村镇，其历史文化价值和社会经济价值都是巨大的，按照英格兰的统计方法，古村镇的价值应占到GDP的30%以上。然而，认识到这一点的人并不多，甚至有人认为古村镇、古建筑是社会发展的绊脚石，这种观点对于文化的传承和社会的进步都是极为不利的。在快速推进的城乡建设浪潮中，我们所面临的最大问题就是，大批历史古迹被毁坏，大批古村镇被过度改造，使中华民族的历史文化遗产严重损坏。在这个时候提出古村镇的保护，实际上是一项带有抢救性的工作。

  2008年1月1日开始实施的《城乡规划法》，突出强调了保护历史文化遗产的重要性；2008年4月又颁布了《历史文化名城名镇名村保护条例》。历史文化名城保护工作已开展近30年，历史文化名镇名村保护工作也已启动，现在大家基本达成共识，保护有价值的古村镇，其实就是"保护文化遗产，弘扬优秀的传统文化……保持民族性，体现时代性"。但是，当前全国历史文化村镇保护的形势仍然不容乐观，保护工作极不平衡，一些地方还未认识到整体保护历史文化村镇的重要性，忽视了周边环境风貌和尚未列入文物保护单位的优秀民居的保护，制定和完善保护历史文化村镇规划的任务还十分艰巨；一些地区片面追求经济效益，对历史文化村镇进行无限度、无规划的盲目开发；一些地方擅自改变国有文物保护单位的管理体制，交给企业经营管理。

作为华夏文明的发祥地之一，山西有着丰厚的文化积淀和历史遗存，不仅有数量众多的古建筑，还保存有大量的古村镇。由于山西历史悠久、民族聚居、文化融合、地形差异等多因素影响，再加之较为发达的古代经济，建造了大量反映农耕文明时代、各具特色的古村镇。这些古村镇，一是分布在山西中部汾河流域，以平遥古城为中心，以晋商经济为支撑，体现晋商文化特色；二是分布在晋城境内沁河流域，以阳城县的皇城、润城为中心，以冶炼工业及商贸流通为支撑，体现晋东南文化特色；三是分布在吕梁山区黄河沿岸，以临县碛口古镇为中心，以古代商贸流通、商品集散为支撑，体现晋西北黄土高原文化；四是沿山西省内外长城，在重要边关隘口，以留存了防御性村堡，体现边塞风情和边关文化，在山西统称为"三河一关"古村镇。这些朴实生动和极富文化内涵的古村镇，是人类生存聚落的延续，是中国传统建筑的精髓；保存有完整的古街区、大量的古建筑，体现着先人在村镇选址、街区规划、院落布局、建筑构造、装饰技巧等方面的高超水平；真实地反映了农耕文明时代的乡村经济和社会生活，凝聚了劳动人民的智慧，沉淀了中华民族的优秀文化，传承了丰富的历史信息；具有浓郁的地方特色和很高的研究价值，是人类共同的文化遗产和宝贵财富。

山西省建设厅一直对古村镇及其文化遗产的保护非常重视，从2005年开始，对全省的古村镇进行了系统普查，根据普查的初步成果，编辑出版了《山西古村镇》一书；同年，主办了"中国古村镇保护与发展碛口国际研讨会"，并通过了《碛口宣言》。报请省政府下发了《关于历史文化名镇名村保护工作的意见》，并分两批公布了71个"山西省历史文化名镇名村"，其中18处已经成为"中国历史文化名镇名村"。为大部分古村镇制定了科学的保护规划，开展了多层次的保护工作，逐步形成了科学、合理、有效的保护机制。为了不断提高人们的保护意识，他们又组织编写了《山西古村镇系列丛书》。本系列丛书撷取山西有代表性的古村镇，翔实地介绍了其历史文化、选址格局、建筑特色、非物质文化遗产，内容较为丰富。为了完成书稿的写作，课题组多次到现场调查，在村落中居住生活了相当一段时间，积累了大量第一手资料。通过细致的测绘图纸和生动的实物照片，可以看到他们极大的工作热情和辛勤劳动。这套丛书不仅是对古村镇保护工作的反映，更有助于不断增强全社会的文化遗产保护意识。让我们以此为契机，妥善处理保护与发展的关系，做到科学保护、有效传承、永续利用历史文化遗产，不断开创历史文化名镇名村保护工作的新局面。

是为序。

住房和城乡建设部　副部长

目 录

丛书总序

第一章 师家沟古村的历史文化 ………………………………………… 1
 一、概况 ………………………………………………………………… 3
 二、师氏和要氏家族 …………………………………………………… 10
  1. 师氏家族 ………………………………………………………… 10
  2. 要氏家族 ………………………………………………………… 16
 三、非物质文化遗产 …………………………………………………… 18
  1. 面食 ……………………………………………………………… 19
  2. 冥婚 ……………………………………………………………… 20
  3. 舞狮 ……………………………………………………………… 21
  4. 手工 ……………………………………………………………… 21

第二章 师家沟古村的空间布局 ………………………………………… 25
 一、选址 ………………………………………………………………… 26
  1. 地理环境 ………………………………………………………… 26
  2. 风水与选址 ……………………………………………………… 26
 二、村落布局 …………………………………………………………… 29
  1. 村落整体空间 …………………………………………………… 31
  2. 建筑组团 ………………………………………………………… 34
  3. 街巷空间形态 …………………………………………………… 35
  4. 排水系统 ………………………………………………………… 36
 三、节点空间 …………………………………………………………… 39
  1. 中心空间——"福地" …………………………………………… 39
  2. 街道交叉口空间 ………………………………………………… 40

3. 涵洞空间 ·· 40

第三章 师家沟古村的居住建筑 ································ 43
一、居住建筑概述 ·· 44
1. 概述 ·· 44
2. 窑洞建筑及其形式 ·· 45
3. 师家沟村院落构成 ·· 50
4. 师家沟村院落形制 ·· 54
5. 师家沟院落组合 ·· 55

二、典型居住院落 ·· 57
1. "巩固"院 ·· 57
2. "大夫第" ·· 68
3. "竹苞"院 ·· 78
4. "流芳"院 ·· 89
5. "成均伟望"院落群 ·· 96
6. "瑞气凝"院落群组 ·· 109
7. "东山气"—"北海风"院 ·· 118
8. "理达"院 ·· 132
9. "务本"院 ·· 139

第四章 师家沟古村的公共建筑 ································ 145
1. 庙宇 ·· 146
2. 师氏祠堂 ·· 147
3. 牌坊 ·· 149
4. 墓阙 ·· 152
5. 商业建筑 ·· 156

第五章 师家沟古村的装饰艺术 ································ 161
一、凿木以为门窗匾阙 ·· 162
1. 门窗装饰 ·· 162

  2. 木质匾额 ······ 169
  3. 檐廊木雕 ······ 174
 二、凿石以为桩基柱础 ······ 177
  1. 柱础 ······ 177
  2. 门墩石 ······ 181
  3. 拴马石与上马石 ······ 185
  4. 滚墩石 ······ 185
 三、凿砖以为花虫纹饰 ······ 186
  1. 墀头 ······ 186
  2. 吻兽 ······ 189
  3. 照壁 ······ 191
  4. 屋脊雕饰 ······ 193
  5. 砖质匾额 ······ 194
  6. 窑洞女儿墙装饰 ······ 198

附录
 附录1 师家沟师氏家族清代和民国重要人物一览表 ······ 201
 附录2 师家沟要氏家族清代和民国名人一览表 ······ 202
 附录3 师氏家谱选录 ······ 203
 附录4 要氏家谱序 ······ 205
 附录5 碑文选录 ······ 205

后记 ······ 208

[第一章]

师家沟古村的 历史文化
LISHI WENHUA

| 山 | 西 | 古 | 村 | 镇 | 系 | 列 | 丛 | 书 |

图1-1 师家沟村及其周边环境

一、概况

师家沟古村（图1-1、图1-2）属山西省临汾市汾西县僧念镇，位于汾西县东南部，僧念镇以北，距离县城约五公里，东邻城关镇蔡家庄，南邻岭南村，北接城关镇与加楼乡交界处，西邻霍州地界（图1-3）。

汾西之地历史悠久。县内的福洼庄新石器文化遗址、勍香仰韶-龙山文化遗址证明，早在5000~7000年前，汾西县这片土地上已经有了人类活动。及至春秋时期周武王以藩屏周，分封诸侯，汾西县原属的平阳府，其时称为"霍"，"武王弟，曰姬叔处，武王克商，封于霍"。南北朝时期"北齐划永安县地置临汾县（今汾西县）兼置汾西郡，治地古郡村"[1]，方有"汾西"之称谓，因地处汾河以西而得名。明万历年间，汾西县令毛炯因"邑之有志，犹古列国之史，一方之实录也"[2]，而前之县志"中或紊焉而无统，遗焉而未备，鲁鱼亥豕焉而不可为读"[3]，续修《汾

---

1 汾西县地方志编纂委员会.汾西县志·行政区划.方志出版社,1997年版,第7页。
2 明万历《汾西县志乔世魁序》,转引自：汾西县地方志编纂委员会.汾西县志·附录.方志出版社,1997年版,第591页。
3 明万历《汾西县志乔世魁序》,转引自：汾西县地方志编纂委员会.汾西县志·附录.方志出版社,1997年版,第591页。

图1-2 师家沟村落全景

山西古村镇系列丛书

图1-3 师家沟村区位图

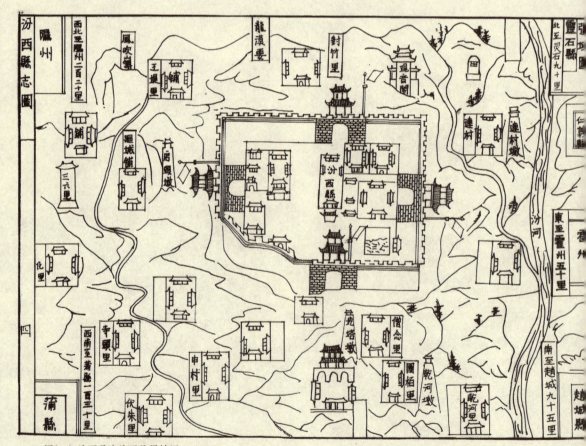

图1-4 汾西县志汾西县疆域图

图1-5 《平阳府志》汾河图

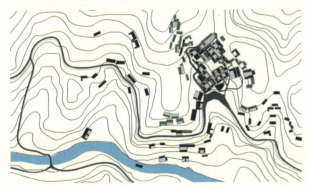

图1-6 村落地形图

西县志》并刊行,方有该县详细史料(图1-4、图1-5)。

汾西县境内主要地形为梁峁状中山黄土丘陵。西部因姑射山影响地势略高,为褶皱断裂山地。师家沟村所在的东南部地势较低,海拔1000米左右,为盆地边缘残垣沟壑区(图1-6)。师家沟村地处临汾断块构造带中的蔡家庄断层附近,以山地和丘陵为主,辖区内地形复杂,丘陵起伏,千沟万壑,山势连绵,景色秀丽。古村坐落于山体向阳处,三面环山,随山就势建造窑洞,形成独特的村落形态。村南一条节令小河蜿蜒而过,汇入村东对竹河[1],为村中提供水源。

汾西县属暖温带大陆性季风气候,四季分明,年平均气温约为10.1℃。冬季寒冷少雪,西北风肆虐,夏季炎热多雨,主导风为偏南风。年平均降水量571.1毫米,这种气候条件十分适合窑洞建筑的发展,很大程度地影响着师家沟村独特的村落格局。

---

1 对竹河是汾河的一级支流,由灵石县入境经汾西县东部四镇而出,于霍州入汾河。汾河为山西省主要河流之一。郦道元《水经注》记载:"汾水出太原汾阳县北管涔山……又南过临汾县东,又西至汾阴县北,西注于河。"

师家沟村地势北高南低，南边临沟，避风向阳。古老的窑洞院落依山就势伏于负阴抱阳的山坡上，层层相错，互不遮蔽，尽数沐于充裕日光之中，于山岭之中熠熠生辉。村落西、北、东三面环山，将寒风御于山外，加之窑洞冬暖夏凉，村民可以不受严寒困扰。村庄南面坡势低缓，渐渐与河相接，视野开阔，河南岸远山如黛，蜿蜒连绵，景色怡人，山水相映成画。

汾河流域地产丰富，土地肥沃，早在春秋时期便盛行农耕。后因交通发展，商业逐渐兴盛。晋人务商，但不弃农。光绪十八年（1892年）《汾西县志》记载，当时县内虽然山多地瘠，但人均耕地仍有4.39亩。这里资源富庶，《新唐书》载汾西有铁，明天顺五年《大明一统志》记载汾西产石炭（煤）。丰富的矿产极大地促进了当地的经济，百姓们富裕起来，富商巨贾愈来愈多，建筑亦十分精美。清初战乱之后人们忆及从前，"汾虽小邑乎，姑射峙于西，汾流环于东，山川之秀，甲于天下，厥赋上上，厥田中中，民多富庶而好奢侈，一席之设炊金馔玉，一室之营，俊宇雕梁"[1]。俊宇雕梁说的便是晋商民居的华丽。

师家沟村主要历史建筑形成之时，正是清朝中期。此时正值山西晋商文化鼎盛时期。中国礼制决定了商人地位的低下，而晋商文化则在促进着山西经济的繁荣。谈及山西的晋商文化，最早可以追溯到春秋时期，晋文公重耳在位期间，"轻关易道，通商宽农"[2]，促进了早期的晋商形成。至明清时期，山西商业盛极一时。"晋俗以商贾为重，非弃本而逐末，土狭人满，田不足耕也。"[3]据卫聚贤《山西票号史》考证，乾隆年间，山西晋商成立票号，晋商遂成为中国十大商帮之首。在外晋商广开票号商铺，"明末清初，凡中国的典当业，大半系山西人经理"[4]。在家乡，他们放钱置地广建豪宅，以彰其富裕，同时耕读传家，读书求仕，力求提高自身的地位。在这种文化氛围之中，师家沟村落也有着很重的晋商民居痕迹。

明崇祯七年（1634年）汾西县编户六里，师家沟村名为僧念里二甲（图1-7）[5]，民国12年（1923年）汾西县划3个区56个村，古村始称"师家沟"（图1-8）。村中主要有师姓和要姓两大家族，现共百余户，六百余人，还有少量的牛姓、李姓等。村中最为著名的

---

[1] 蒋鸣龙、傅南宫（清）修纂《康熙八年汾西县志》中《清顺治汾西县志李色蔚序》。
[2] 战国初年《国语·晋语》（作者不详）。
[3] 徐继畬（清光绪）编修《五台新志》。
[4] 卫聚贤著.山西票号史.经济管理出版社，2008年。
[5] 1997年版《汾西县志》记载，"明清实行里甲制，明初将汾西县编户十五里，后归并十四里，崇祯七年（1634年）因战乱并为六里，僧念里归为梧桐里，但民间仍称十四里"。

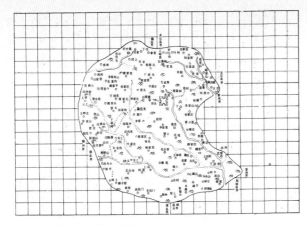

图1-7 光绪十八年汾西县图

图1-8 民国十二年汾西县图

师家大院始建于清乾隆三十四年（1769年），经嘉庆、道光、咸丰、同治四朝，逐步加盖扩建而成，共有大小院落三十余座，包括民居、祠堂、商铺、庙宇等。

村落建筑群组联系紧密，院落之间有暗门、巷道，窑内暗道连通，实有走进一家、遍游全村之能。村中心为师家沟"福地"，整个村落围"福地"依就地形，成风车状展开，远远望去，院落阶梯式布局，院中有院，窑上登楼。与山势自然衔接，层楼叠院，错落有致，气势宏伟，尽显晋商古老深厚的文化。

师家沟村人崇尚文化教育。现存的资料显示，村中多有读书求仕的文人墨客，其中不乏有人在历史上留下佳名，如师家师鸣凤、师炳成。现历史建筑保护基本完整，新建建筑多建于与旧村相对的山体。1996年，"师家沟民居"被山西省人民政府公布为省级重点文物保护单位。2006年"师家沟古建筑群"被国家文物局公布为全国重点文物保护单位。2008年建设部和国家文物局公布师家沟为"中国历史文化名村"。

二、师氏和要氏家族

师家沟村是一个以家族血缘聚居的村落，现村中过半人口都是师姓。而另一半大多则是要氏家族，牛氏、李氏两大家族则随着历史的长河渐渐没落，现仅有少量人口。

1. 师氏家族

师姓一族源自夏商。据《姓谱》记载，司乐之技师名为"师"，专司丝竹管弦琴音或是音乐歌咏，"后人遂以职官为姓，乃成师姓"。及至两周春秋战国，音乐艺术盛极一时，精通音律擅长乐艺之文人能士，皆称为师。师姓望族多出于太原、琅琊、平原一带。

师家沟村《师氏家谱》（图1-9、图1-10）记载，康熙中期，师家祖先师文炳定居于此，日出而作，日落而息，经近百年艰苦创业，到第三代师法泽才逐渐将家业发展，经商起家。据村中师良老人讲述，师家实于明末清初之际迁至师家沟，因家谱乃师家发迹后师法泽之子师奋云所立，"追溯先世已无从考证"[1]，故只得以师法泽祖父辈为始祖，记为一世，而始祖之前，已有三四代未列入族谱。而在师家迁入村落之前，便有要氏、牛氏、孔氏、李氏居于此地，故据此考证师家沟村迄今已有三百余年历史，而师法泽便是村落鼎盛时期的一个代表。

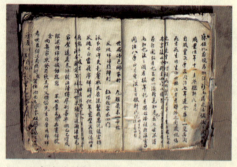

图1-9 师家沟村师氏家谱

师法泽，字仁厚，其父师长信生四子，为法字辈，后分家成四门，村中老人称为"老四门"，以在家谱中与后面第二次分家的"新五门"区别。师法泽为第四门。时值康乾盛世，康熙颁布的多项条令减轻了清初对商贾的打

图1-10 师家沟村师家祠牌位图

---

1 《师氏家谱》中《师奋云序》

压,乾隆初年,国泰民安,经济发展欣欣向荣。师法泽意外生财,以此做本,放钱置地,经营票号商铺,由于精明能干,经商有方,不久生意便红火起来。

关于师法泽发家经商的钱财,据村中第二门后人师良老人讲,还曾有一个传说。相传闯王李自成起事兵败,退至山西,路经此地,已是末路。为防清兵追杀,方便逃亡,遂将携带银两财宝就地掩藏,欲来日再回来取用,后身亡未归。据记载,"李自成山海关败归,将所掠及宫中藏的银器等,熔铸成饼,每饼重约千两,共数万饼……自山西大道经过时,杀人太多,恐败兵之后再遇暗算,乃沿南山行走……或曾将现银一部分遗弃"[1]。师法泽或有可能由此拾得遗金而完成了资本的累积。老人们相传,村中曾有碑文记载过此事,但现已毁去,无从查找。究竟师法泽是靠小本经营积累财富还是启用意外之财,尚不敢断言,但师家经商治家有方却是事实。

乾隆十一年(1746年),师法泽从要氏第六代要珍处置入第一块地。乾隆三十四年(1769年)在该地建起师家沟村的第一座大院——"巩固"院。建筑为砖券独立式锢窑,兼有少量砖木建筑,装饰精致。师家祖辈勤俭持家,农商结合,将师家的商行探向外省,慢慢发展。据《师氏家谱》记载,师法泽经商同时注重教育,因治家有方德高望重,被村民举为乡饮耆宾,有一定的威望及地位。由地契及家谱考证,乾隆十七年至乾隆四十九年(1752~1784年),师家在积累了一定的财力之后,开始收购同村人的土地和房产,兴建了一个以师家为中心的住宅群落。师法泽虽为商贾,却是耕读传家,极重视对后代的文化教育。膝下五子,皆勤勉治学读书求仕,获监生、贡生、增生之名。兼经商有道,才德兼备,将师氏家业发展壮大,商行票号逐渐探向外地。师法泽五子分家后,族中人称为"新五门"。长子师登云,字汉琰,官居正五品奉政大夫,诰赠文林郎。次子师自省,字慎三,为从六品儒林郎。三子师凌云,字连亭,武生。四子师彩云,字朵秀,居修职郎,侯铨武学训导。小子师奋云,字横岱,官议叙国子监典籍,于甲子年乡试之际始立家谱。

师家第四代之后,师氏愈加重视官商结合,他们认识到儒有高名,贾有厚利,儒贾结合方为长久之道,故努力通过各种方式求取功名。彼时清王朝官僚之中腐败混乱,出现买官现象。家谱考证,师家通过读书或是捐钱买官(图1-11),十年间获取功名者就有21人,取得官位者14人。道光十五年(1835年)师法泽长孙师鸣凤捐得湖南省藏江县县丞,为正八品,跻身于官场。师鸣凤,字梧冈,是师氏家族史上最辉煌的人物。道光二十九年

---

[1] 卫聚贤著.山西票号史·李自成遗金.经济管理出版社,2008年。

（1849年）升补湖南省湘乡县知县。湘乡乃历史上赫赫有名的曾国藩的家乡，师鸣凤任职期间，曾国藩、曾国荃尚未做官，三人交往甚密，为了推荐、提携曾国藩九弟曾国荃步入仕途，师鸣凤颇费了一番心血。咸丰二年，师鸣凤因军功钦加同知衔，乃正五品，成为师氏家族官场上显赫人物之一。

光绪三年，师鸣凤告老还乡在家，正逢曾国荃被清廷委任为山西巡抚。彼时正值山西"丁丑奇荒"，1600万居民中就死亡500万人，还有几百万人逃荒或被贩卖到外地。真可谓是"千里无鸡鸣，生民百余一"，遍地饿殍，竟出现人吃人的现象。经乡民劝说，师鸣凤前往太原拜访曾国荃，相传当时曾国荃命人大开中门，出门数里隆礼相迎，连日盛宴款待，极尽故人之谊，并当众宣布，当地四年粮钱一概免交。当时的师家已呈现没落的趋势，师鸣凤虽没有提及，曾国荃已然察觉，有意帮助师家。适时在南京任两江总督的曾国藩闻讯后，亦寄来书信和重金。曾国荃亲书"大夫第"精制巨匾一块，匾首题文："湘乡知县、宝庆州同师鸣凤"，落款是："大学士、直隶总督兼山西巡抚曾"。数月后，派要员用八抬大轿送师鸣凤归乡。路经太（谷）、祁（县）、平（遥）、介（休）、灵（石）各县，地方官员沿路迎送，气派非凡。并在师家沟举行了隆重的挂匾仪式，平阳知府及方圆州、县的地方官员和社会名流均前来祝贺，乐队戏班大闹月余，自此师家沟名声大振，一度成为仕官达贵、文人学士的周游之处。

"大夫第"匾额已在"文革"十年混乱中被毁。但是当时师鸣凤给师家带来的荣誉及影响却犹如一只古钟，在师家的历史上敲响一抹辉煌，几世之后依然可以听见绵长久远的回音。

此后，师家子孙也大多善读诗书，或仕或商，均有建树，事业愈加开阔，并有人跨入京都国子监。清光绪八年《汾西县志》中，师家收录《人物·选举篇》的有10余人，入京都国子监的6人，官居"县"、"州"、"盐运知事"之职的达7人。官商兼顾使师家发展更加迅猛。师家在官场宦海沉浮，低至从九品，高至六品顶戴，官越做越大，生意越做越火，店铺越开越多，药铺、当铺、盐店、官盐店、钱庄（图1-12）等

图1-11 师家沟村师家捐官文书

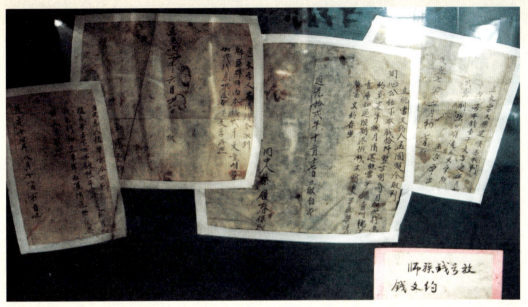

图1-12 师家沟村师家钱庄放钱文约

遍布五省十八县，北抵太原、北京，南达洛阳、开封，西至西安、武功。村内有油坊、醋坊、染坊、酒坊、造纸坊等；霍州有师化成药铺和煤矿；汾西县有四知堂钱庄、敦木堂典当；顺天当、恒泰号的字号漫至外省[1]。在商业扩张的同时，师家也同时在扩张土地，兴建豪宅。"新五门"每家都有一套连通的大院，多为三进、两进。

第二门后人师良老人回忆祖辈言，当时师家字号遍布五省十八县，兴盛之至，师家子孙外出行商不带银两，一路竟无需住店打尖，吃喝住宿皆在自家店铺。师家驼队，时常驮回大堆沉甸甸的金银。

与师鸣凤同辈，第四门之子师五常亦是师家史上举足轻重之人，字天叙，号微轩，诗学出身，小有才华，进为贡生，后以讲书教读为主。收藏家谱的师容贤老人讲，当时省内多有人拜师五常门下。甚至有师五常骑驴到京为子要官之传闻。师五常有两子，一子早夭，另一子师彦成，字俊甫，号竹畦，年少有才，聪慧勤勉，师五常甚是疼爱此子。《汾西县志》记载，他于道光乙酉年拔贡，官至六品顶戴。咸丰五年，师彦成拔贡后入京候考，只待高中。

1　（清）曹宪修《汾西县志》光绪八年版。

师彦成年轻有为，聪颖好学，相传两手能书，写一笔好字。候考期间，门庭若市，皆来索字。师彦成年少慷慨，来者不拒。适时师彦成已是进士之身，只待朝考之后文书下来，即可在京做官。朝考前夕，师彦成应邀前往一家秦楼楚馆题字，卷入桃色事件。村人相传，因师彦成题字之时撞破当朝王爷在馆内美事，期间发生什么未可知晓，是夜，王爷遣人暗杀师彦成。师彦成被一刀砍杀，头颅不知所踪。皇帝怜悯，赐金头随尸身运送回家。亦有传说，因后寻到尸首，师家将金头供奉，将头颅放入棺木。后师家没落之际曾有人欲寻金头，未果。

师彦成尸首葬在后山山腰墓窑之中，与村中祖坟相去较远，相传为师彦成生前亲自选定。墓前一颗百年松树，顶端削去，使其侧向生长，树荫蔽墓，风水极佳。师彦成卒年三十三岁，生时著有五言律诗《百花诗集》一书。师彦成死后不久，其幼子庆兰惨遭横祸夭折。其妻李氏在遭遇丧夫丧子之痛之后，为了后继有人，为65岁公爹续弦娶妻王氏，婚后又生一子，取乳名曰"复来"，表示又来一子。李氏之举为后人传为佳话。师彦成的死亡是师家的一大损失。彦成才学惊人，本可成为师家最为耀眼的一颗明珠，惜英年早逝。师五常老年丧子，心思哀痛，一把火烧毁了师彦成生前所住的流芳院二层的书楼，怒言："自此他门下人再不读书。"至今仍可以看到流芳院二层被火烧后的残垣，师家第四门的兴盛似这般付与断壁残垣。

第五代和第六代，是师家的鼎盛时代。家谱统计，两代同门28男丁中，获得监生、贡生、增生、武生等功名共11人。门丁昌盛，人口众多，多有才能。

师炳成，字午田，议叙监运司知事。亦是师彦成同辈，第二门师五音之子。道光三十年（1850年），师家生意兴隆，师炳成官运畅通，生意兴隆，遂在祖房巩固院旁边修建竹苞院，以做银库之用，屋内暗道纵横，四周皆为二层高楼，安全周密。同时师炳成聘请武功县技艺高强的武师来做保镖。因此师家富甲天下，百年来竟未有盗匪抢劫成功。

师炳成祖父为师法泽次子师自省。师自省字慎三，官拜儒林郎，为从六品，39岁时不幸染病身亡，留下当时年仅30岁的妻子赵氏和25岁的张氏，二人皆恭谨孝顺，为师自省守节至终。咸丰七年（1857年），师炳成官场得意，官居六品，上表奏请圣上赦准，建立节孝牌坊，以彰其母刘氏及祖母赵氏、张氏之节孝。牌坊用石材构筑，造型独特，雕刻精美，四角挂有铃铛，闻风而鸣，立于村口，标志着师家的辉煌（图1-13）。

牌坊建成后不久，师炳成重病身亡。膝下无子，独有二女。于是从第一门旌辅下过继一子庆椿。师家到此开始显露没落之势。此时，成字辈中还有第五门内师缵成官居五

图1-13 师家沟村牌坊圣旨匾

品。师缵成,字绪斋,有州同、六品顶戴之衔。他聪颖好学,颇有才能,其叔师五常赞其"能承父之业"[1]。然而颓败之势已成,师家百年荣华开始走向衰败。师炳成之死使师家的管理阶层一直处于瘫痪状态,虽有师缵成、师五常等老一辈极力管制,但产业发展速度缓慢,家族内部开始各自为政,家庭法制疏松,子孙辈渐渐出现纨绔子弟,聚众赌博,坐吃山空,肆意挥霍。鸦片战争之后,大烟开始祸害国民。师家也没有逃出这片阴影,渐渐出现吸食鸦片之流,以致抵卖宅院,倾败家产。

面对这一败落现象,师家长辈竭力挽救,力图管制,以正家门。然而"一杯之水安能救车薪之火,一邱之木安能支大厦之广,一人之力安能照百世之远"[2],终究无法挽回衰败结局。

光绪二年(1876年),山西遭遇罕见的灾祸,先是百年蝗灾,以致农田颗粒无收,蝗灾之后,紧随大旱,农民颗粒无收,穷苦人家只得以草根树皮,甚至干土为食,民不聊生。到光绪三年(1877年)全省"赤地千里,山童川竭,树死土焦……草根树皮食尽,父子相食"[3],生食死尸之情景随处可见,饿殍遍野,诚自来未有之奇灾也,史称"丁丑奇荒"。在这一灾害之中,师家百年基业开始摇摇欲坠。为避灾祸,师家后代开始变卖土地宅院,出卖家产商铺。

灾祸一直持续到光绪五年(1879年)。观师家家谱,"老四门"之中,除却师法泽的四门,其余三门在这期间竟险些绝代。存活的青壮之人纷纷逃荒,仅余无力老人留在村中。师法泽门下第七代也随母舅迁至外地,有人入赘他乡安家立业,也有灾害过后又返回

---

1 同治二年(1863年)师五常作《师氏家祠敦诚堂序》。
2 师五常作、师庆春书《师五常墓志》。
3 光绪三年八月初一曾国荃奏折。

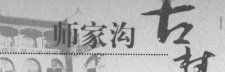

村庄的，还有一些出乡之后，再无音讯。师缵成亦于灾祸中亡，余六子，有五子随师缵成续弦马氏移居要里娘家，次子庆梧独自出村，再无归期。

灾难之后，汾西县"村落成墟、蒿莱满目"[1]，师家长辈尽亡，产业倾空，余下子孙后代，守着师家庞大的宅院，开始了农耕生活。

村人说起那一场灾难，无不暗自嗟叹。师家第三门的大院因孙辈吸食鸦片而低价折卖给要氏，两个精雕细琢的石明柱，竟只换得五斗黄豆。曾是百年辉煌，皆成浮华一场，转瞬成空，如梦方醒，再不寻痕迹。师氏家族随着清王朝的灭亡而没落。但是孕育了几代杰出人才的师家沟村，却仍在这里传唱着师家曾经的辉煌，默默守着师家人留下的宝贵财富。

2.要氏家族

师家沟村要氏家族世代耕读传家，家世虽不及师家，却也家丰田厚，自给自足。没有俊宇雕梁，没有良田万顷，也没有盛极而衰。族人勤勉务农，踏实治学。相对于师家，要家对这个村落的影响显然要小一些，但仍占据村落将近一半的人口，影响着村落的建设。

《要氏家谱》（图1-14）并没有提及要家迁至此地的具体时间，由辈分推算，约是在明崇祯年间。要氏一族本是"山西平阳府后又属霍州管辖汾西县崇永坊五甲民籍"[2]。所谓五甲民籍，是指清朝政府将户籍编为官、军、民、匠四籍，籍又分三等。要家为汾西县城甲等平民，祖坟置于城东门外的泰山庙附近，只因"坟墓依次年深日久，嗣末不能明晰其数"[3]，要氏要复禹亲游各处，寻访可以居住之新所。途经师家沟，见此地山明水秀，景致优雅，背山面水，左右青龙白虎两大山脉累累，是风水极佳之地，心生爱慕，遂起移居之心。

要复禹系明朝晚期汾西县生员，小有功名。娶妻赵氏。夫妻过世后，其子要自有将二人合葬在汾西县城东门外的祖坟，不久之后，便合家迁到了师家沟村。适时正值明末，村中还有牛氏、孔氏、李氏三家，皆是耕读为主，过着寻常百姓日子。

要自有亦有功名在身，是为监生，亡后立祖坟于村边上的四畝条上，自此要氏一族正式定居此地。清朝初期，师家迁入。师家第三代师法泽发迹之后，在家乡择风水好的土地

---

1 清光绪八年曹宪修《汾西县志锡良序》。
2 《要氏家谱·三议堂记》，《追志要氏家谱序》，要学和 民国36年
3 《要氏家谱·三议堂记》，《追志要氏家谱序》，要学和 民国36年

建宅，要家一部分土地卖给师家，村中迄今尚存有师法泽向要氏第六代买地的地契。要家以耕种为主，兼以读书求仕。随后几代皆小有功名，或生员，或监生，都未做官。至十一代要学昌始有官名，位居九品。第十二代要连桂得生员功名，官居正八品，是要家最高官位。

光绪三年之灾要家也不能幸免。"光绪丁丑岁，逢大祲，户族流离失所，故不口口岁而家薄"[1]，要氏一族青壮逃荒，亦是流离失所，门衰祚薄。灾年过后，要氏家族从灾难中走出来，渐渐恢复元气。因"后代子孙颇为繁多，自连字以下各自随便"[2]，要氏第十一代要学和于民国36年立家谱，"组织二十字以为后嗣起名起字之所依，团结乎一本以为后嗣兴户兴家之要术"，立了后世按辈分取名的依据。

因村落中心土地尽数卖给师家，要家主要居于师家沟村巷道外围，现存院落多于民国初期重建，依山散布。清朝末年，师家没落，要氏一族却依旧人丁兴旺，十一代十二代子孙开始有人步入官场，耕读同时收购师家宅院。要家开始步入中兴。

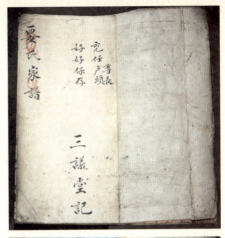
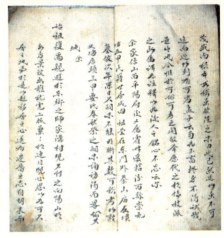

图1-14 师家沟村要氏家谱

今日要氏家族仍有第十六代要鸿炳先生在国画上颇有建树，乃当代国画名家。

总而言之，师家沟村人十几代以来遵从礼教，重视学识，皆以耕读传家为荣，共同打造了师家沟古村浓郁的文化氛围。百年之间，师家沟村人才辈出，兴盛不衰，留下宝贵的物质遗产和精神财富。

---

1 《要氏家谱·三议堂记》，《追志要氏家谱序》，要学和 民国36年
2 《要氏家谱·三议堂记》，《追志要氏家谱序》，要学和 民国36年

三、非物质文化遗产

自建村百余年来，师家沟古村不但留下大批宝贵的物质文化遗产，亦留下了丰富的非物质文化遗产。师家沟村民风淳朴（图1-15），有着山西农民所有的憨厚善良的品质，又有师家祖辈耕读传家的传统。村中老人大多略通文字，谈吐之间，有着师家沟文人的雅致。村人亲切和蔼，茶余饭后，便在村口广场齐聚一堂，黄发垂髫，怡然自得。女人纳鞋底绣鞋垫，男人谈家事国事。

师家虽商儒之家，却仍以农耕为主。于农民而言，祭祀诸神是必不可少的，故在村中建有土地、牛三、马三、龙王等庙宇建筑，合为大庙，以求风调雨顺。 清朝中期，戏曲盛极一时，在古村落中，大多都搭有戏台。在师家沟村，戏台常与庙宇结合，搭在庙宇倒座，人们每

图1-15汾西县志.风土人情

逢节庆，便聚在庙里看戏，庙宇的香火一直十分旺盛（图1-16）。

除了祭祀农耕诸神，当地百姓还保存着生子前拜娘娘庙，生子后拜菩萨庙的习俗。村人淳朴地认为，求子当拜娘娘庙，娘娘自会护早得贵子。相传送子娘娘有两位，是刘备的妃子。传说未有考证，但是求子拜送子娘娘的习俗却流传下来。谁家有了孩子后，都会到菩萨庙去烧香拜菩萨，同时点燃爆竹，表示将孩子交与菩萨收养，以求得菩萨保佑平安。

除去平日的习俗，村中节岁之时亦有独有的习惯。旧俗正月初一凌晨，放开门炮而后以面点"枣山"祭天地、先祖，拂晓要吃"睁眼枣花"等等。

图1-16 师家沟村中玉皇庙戏台旧址

1.面食

　　山西面食盛行，花样繁多，白面杂粮并而有之。平日里师家沟村人以面条为主食，加以常见的谷垒、蒸饭、油糕等。谷垒系粗粮蒸成，拌以豆角、腊肉等，蘸醋或辣椒油，风味独特，口感极佳。节日里师家人蒸枣糕待友，玉米面大枣相伴，蒸熟之后，色泽金黄，香甜可口，十分耐饥。黄米油糕则是用黄米面蒸熟包糖馅在油锅里炸，外脆里嫩，口味香甜。

　　祭祖或是上坟，师家沟村人也以面食做祭品，如馒头捏花制作的坟馍，造型独特美观，除有实用价值外，还有很高的艺术观赏性。

图1-17 师家沟村十二生肖面人

图1-18 师家沟郭秀兰老人面捏十二生肖

村里人结婚之际，还会请人用面捏十二生肖，每个动物须发尽现，用黑豆点睛，点红色花纹，惟妙惟肖，十分传神，再以层层莲花瓣转圈为底座，蒸熟之后由男方送给新娘独自吃掉（图1-17、图1-18）。

2. 冥婚

冥婚之习早在汉朝之前就有。史上曹操便曾为聪颖而早夭的曹冲下聘甄氏早夭的小女为妻。师家极盛时代，亦常见冥婚。当地习俗，凡年满十二岁男子未婚而亡，必然会寻一未婚女尸同葬。

据家谱记载，师家第六代师谨成年少而亡，师家为其下聘于外村已亡小女闫氏。双方定好吉日，女方起棺，抬至师家沟。按照习俗，死人不得进入村中，若是冥婚，需得抬棺绕村而行。相传闫氏亲属并未知晓此事，竟将棺椁直接抬入村中，于是师家晚辈大怒，扣下棺椁不让前行，双方遂起争执，适时师五常健在，亲自出门向女方亲属赔礼，并言明原因，女方绕村而行，行礼之后，与谨成合葬于祖坟。

冥婚是因家长疼爱幼子，作为对其过早夭折的一种补偿和祝福。早期发家后的师家，凡早夭之子，大多会有冥婚，但毕竟属于迷信，现今已不再盛行。

3. 舞狮

舞狮是师家沟村人代代相传的民间艺术，有着悠久的历史。每年春节，当地人都会在各村巡回表演，以示庆祝，而师家沟村最为出色的便是舞狮队。上到年过花甲的老人，下到十几岁的孩子，都参与其中，技艺精湛，场面宏大。2010春节，村中百人的师家沟村舞狮队更是到县里做了精彩的表演（图1-19、图1-20）。

图1-19 师家沟村舞狮老人

图1-20 师家沟村舞狮队

4. 手工

在师家沟村，随处可见闲出纳凉的女子手拿纺锤，粗苘麻线，边唠家常边纺麻线。纺锤一转一捻，麻线就纺出来了。手工的苘麻线结实耐用，扯都扯不断。纺出的麻线，用来纳鞋底等（图1-21）。

家纳的鞋底柔软舒适，用棉布棉毡一层一层垫起来的。女人们拿锥子纳鞋底，针脚细密，十分精致。一次调研中恰逢一个十二三岁的小姑娘坐在院子里纳鞋底，手法娴熟，扎

图1-21 师家沟村中民俗——纺线

图1-22 师家沟村中民俗——纳鞋底

不动了就用腿夹着双手用力。不由感慨师家沟村女子自小便有的贤良聪慧（图1-22）。

师家沟村女子最为得意的，除了纳鞋底，还有绣鞋垫。常见的图案有红色喜字的，鸳鸯戏水的，有荷花牡丹，也有栅格铜钱图案的。图案颜色绚丽，形式优美，是民间手工艺品的精华。

剪纸也是常见的手工艺品。家有红事时，便会剪出形式各样的喜字，字的周围围绕着藤蔓花瓣，或者是在一角点缀一只喜鹊。过年时节，也会剪精美的窗花。窗花图案多以花瓣、蝙蝠、喜鹊、灯笼为主，形式多样，寓意吉祥。

门帘也是师家沟村的一大特色。村里人俭朴，门帘大都是用剩下的破旧衣服的碎布料拼合而成，根据布料的大小和颜色，村人依据自己的想象力组合出各种形式多样的门帘，色彩丰富，图案丰富，有边角装饰的、分格装饰的、横纹装饰的、整幅图案的、独立纹样的，还有村民自由构图的，等等。很多人家常用黑边赭底填补上鲜明颜色的菱形布块，布上再用蓝绿等冷色调彩布补绣出菊梅荷等多种图案,颜色鲜明,图案雅致,给人一种和睦安详之感。还有用不同颜色布块拼成重复的几何形状,素净而明快。还有的在布上绣上大幅的吉祥美好的图案,如年年有鱼、龙腾虎跃等,或者干脆用布块拼出各种动物花草的图案,种类丰富,十分漂亮,为古朴的民居上添了色彩,表达了村民们美好的愿望(图1-23)。

民间的风俗多样,笔者仅择其一二,略加概述,勾勒一下师家沟的风土人情。这些看似平凡的风俗,谱写着师家沟村淳朴的民风,也彰显着师家沟村浓厚的文化气息。

(1)

(2)

(3)

图1-23 师家沟村手工门帘

师家沟古村的空间布局
KONGJIAN BUJU

一、选址

1. 地理环境

图2-1 师家沟村周边环境实景

图2-2 师家沟村周边环境模型

汾西县位于黄河中游的黄土高原之上，吕梁山脉穿越境内，满布纵横沟壑的黄土峁（图2-1）。清康熙八年（1669年）编纂的《汾西县志》有云："汾固无名山大川，然汾河绕其东，姑射峙其西，不亦连城巨观哉，则夫振兴蔚勃彪文章而炳道义者，□喆。时贤而后尤所望于继起之□耄。至□杠梁时成济川，不逮王政攸先。汾山城也无□资焉。爰以渡汾津□一二附之山川之次。"

师家沟古村位于汾西县东南部一处南面临沟、三面环山的坡地上。坡地东北高，西南低。建筑群落依陡峭山势，形式独特。村落四周被蜿蜒绵长、山势平缓的大山所环抱，东南下临沟壑，沟底原有对竹河支流绕过（图2-2）。

2. 风水与选址

师家沟古村的选址非常符合"藏风聚气"的风水理论。所谓"藏风聚气，得水为上"，是说若要安家布宅，最好在一个周围有山环抱的地方，而且附近有河或湖最好。整个师家沟村落位于负阴抱阳的山坡上，三面环山，正好形成了所谓"聚气山环"，村

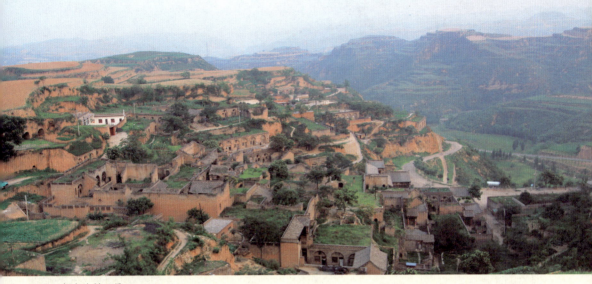

图2-3 师家沟村远景

前几座小山形似朝案之山纷纷朝向师家沟村，形成龙脉集结之势（图2-3）。

　　山体是大地的骨架，水域是万物生机之源泉，没有水，人就不能生存。村前沟底的小溪是选址中的重要因素，只有在水源有保证的情况下，村子的存在发展才能成为可能。师家沟村三面群山环绕，奥中有旷，南面敞开，溪水潺潺，房屋隐于树丛中。村子与小溪的

图2-4 师家沟村选址分析图

关系依照《管子·度地篇》所载"高勿近阜而用水足，低勿近水而沟防省"处理，村子建于半山腰，向下半里便到小溪。如此地势，实乃风水宝地（图2-4）。

　　此外，师家沟村落中心有一处"洞天福地"，推想应该是在师家沟村兴建之初便由风水先生确定下来的，是师家的"福祉"所在（下文简称为"福地"）。"福地"处禁止营建任何建筑，并且在四周栽种桃树数株以镇邪，确保师家福禄才气经久不衰。师家沟村的第一幢"巩固"院落就建在"福地"东北面，以后营建的各院都围绕着"福地"营建，于是形成了风车状的村落布局形式（图2-5、图2-6）。

师家沟村落的选址较为严谨和慎重，也是符合可持续发展的要求的，并从另一个侧面证明了我国风水理论中有关城址、村址、宅址选择等理论中存在的一定的科学性和实用性。

图2-5 师家沟村"福地"

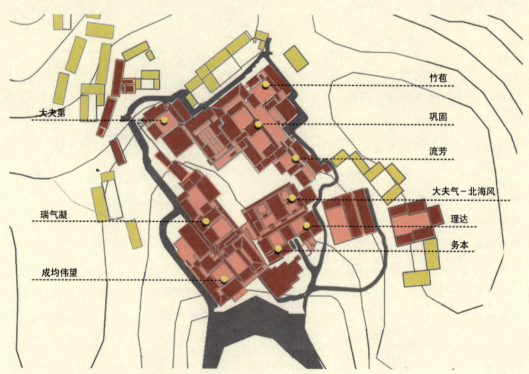

图2-6 师家沟村"福地"与主要院落分布关系图

二、村落布局

要理解师家沟村落的空间布局，首先要清楚在师家沟中建筑与山的关系。

从空中俯瞰师家沟，村落依山势建于半山腰两块相连的坡地上，村落与群山交错生长、相互辉映，使人辨不清哪里是村落，哪里是山脉，村落与漫漫黄土、巍巍群山浑然一体，宛如从大地中自然生长出来一般（图2-7）。

图2-7 师家沟村落屋顶平面图

那么，师家沟是如何处理建筑与山的关系的呢？北宋文学家李格非在《洛阳名园记》中提出处理建筑与山林关系的六个要点："宏大、幽深、人力、水泉、俭淡、远望"。偏远山沟中的师家沟村落，其布局规划也反映出了这个思想，其文化价值和积淀的文化底蕴便是中国古代民居建筑的精华所在。

与平原中的村落相比，师家沟村规模不算"宏大"，但在地势起伏不定的山凹中，能够先后筑建起大小不一的院落，延伸到山峦的各个方向，它的气势着实宏大。村落布局亦堪称"幽深"，走在师家沟的曲折小路上，转弯、台阶、陡坡接二连三，更有长达十几米的拱形隧道和隐蔽的密道、小路，有幽静深邃之感。师家沟村落发展的鼎盛时期被郁郁葱葱的植被环绕，村落南边陡坡下一条节令河，北部山顶还有一眼泉水，但"水泉"现在已经因为气候变化和人为作用的综合因素消失了。"人力"自不必说，师家沟村人丁兴旺，自师法泽起逐渐繁衍成大族，耕读传家、农商合一，曾经一度兼有票当等金融业发展，并在治学、农商、票当等各方面取得了一定成就。"俭淡"确实是师家沟村的一砖一瓦流露出的平凡气质，没有金碧辉煌的奢华装饰，只有精致淡雅、虚实相间的木村雕和砖雕。随

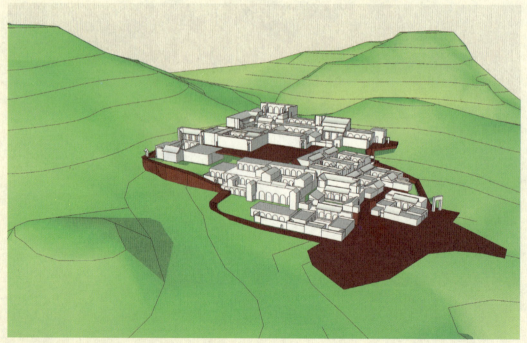

图2-8 师家沟古村鸟瞰模型

着村间的小路走到尽头，在随意一个山坡或是阁楼上都可以"远望"，眺望远处的群山和周围迤逦的景色，感受"天人合一"，感受古建筑的气息和历史。

总体来说，师家沟建筑的总体空间布局有三个特点：

一是"点"，从水平空间上看，村落的生长方式是以"福地"为活动中心与场所扩散开来，各个院落围绕中心地点——"福地"布置；

二是"线"，从垂直空间上看，街巷空间形态顺应山势变化并且沿等高线发展，街巷空间立体分布；

三是"体"，从三维空间上看，路网相互交织、四通八达，村落整体空间依照一定原则相互穿插，空间组织序列丰富（图2-8）。

1.村落整体空间

1）平面布局

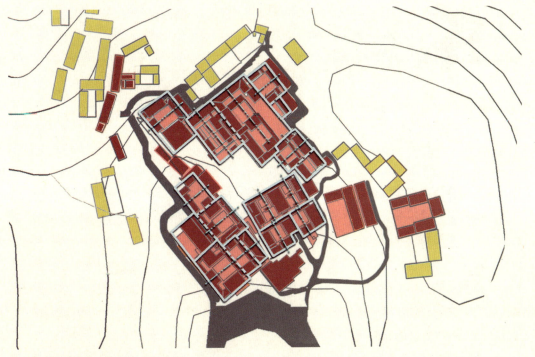

图2-9 师家沟村落网格脉络

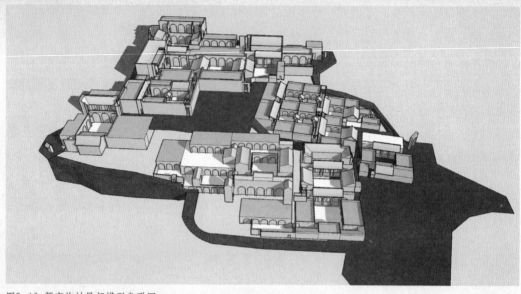

图2-10 师家沟村局部模型鸟瞰图

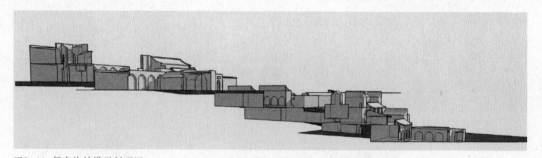

图2-11 师家沟村模型剖面图

师家沟古村内部空间比较复杂，通过仔细研究就可发现，院落所在位置的地形特征控制着村落大致走向和内部空间结构，从而形成村落整体空间肌理（图2-9）。

从图中可看出，院落朝向没有正南向，几乎一半的院落呈东南向，而另一半院落呈西南向。造成这种走向的主要原因是地形因素。师家沟村落建于两个山峰中的凹地，地形复杂，可以利用的平坦地势不多，因此院落大都依附于山势。地形对建筑建造产生了十分重要的影响。先修建的院落选择较开阔平坦的地基，多为东南向；靠后修建的院落选择性较少，改为西南向的台地而建。

院落朝向的选择带来诸多好处，其中最重要的是日照，南偏东35°为汾西县当地的最佳

梯度	院落
第一层次	"成均伟望"院一层、大庙、牌坊
第二层次	"成均伟望"院二层、"理达"院、"瑞气凝"院底层及一层、"务本"院
第三层次	"成均伟望"院三层、"瑞气凝"院二层、"福地"、"东山气"—"北海风"院、"大夫第"院一层
第四层次	"大夫第"院二层、"巩固"院一层、"竹苞"院一层、"流芳"院一层
第五层次	"巩固"院二层、"竹苞"院二层、"流芳"院二层

图2-12 师家沟村院落层次表

日照方向。据汾西县志以及汾西县常年的气象资料显示，"南偏东35°"方向全年日照时间为2823.5小时，比正南方向日照时间长357小时，因此选择东南向轴线利于院落内部采光。

2）剖面组织

由村落局部模型鸟瞰图（图2-10）及剖面图（图2-11）可看出，顺应山势的走向，村中院落大致分为五个层次，层层上升（图2-12、图2-13）。师家沟村民智慧地利用窑洞之间的层次组织院落，下层窑洞的屋顶形成上层窑洞的院落，解决了高差问题，充分利用了有限空间。

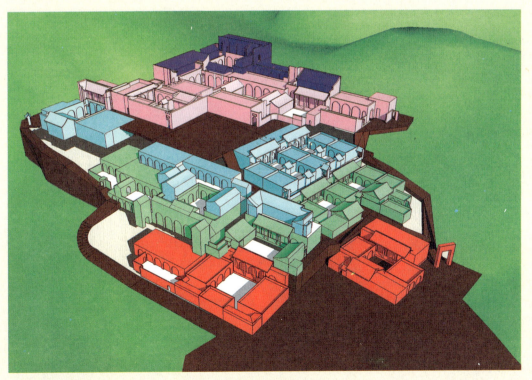

图2-13 师家沟村院落层次分析图

2. 建筑组团

　　位于师家沟环状巷道中的九座院落在水平空间上形成三个小组团："成均伟望"院与"瑞气凝"院形成组团A，"东山气"—"北海风"院、"理达"院与"务本"院形成组团B，"竹苞"院、"流芳"院、"巩固"院与"大夫第"院形成组团C（图2-14）。

　　组团C规模最大，雄踞于地势较高点，其下分散为组团A和B两个分支，三者形成一个三角形楔入两边山峰之间的凹陷处，村落呈现为先敞开、后慢慢收紧的倒"V"字形。组团A与B之间距离较近，位于前三个层次上，组团C与A、B距离稍远，位于后三个梯度上。造成这种组团关系的原因除地势条件外，还与屋主人在家族中的地位相关联。组团C中的"巩固"由师氏的"大家长"师法泽营建，地位最高，相应的地势也最高。组团A、B的屋主人均为师法泽的门下子孙，出于对长辈的尊敬，表现出较低的姿态。

　　由于地形狭窄起伏，为了最大限度地利用平坦地势，营造尽可能宽敞的内院环境，院落被迫集中在一起，院墙之间的距离被缩短到最小，组团之间联系紧密。院落之间形成并联、串联的关系。院落都不是孤立的，彼此相邻的宅院或有暗道相连，或有过堂相通。

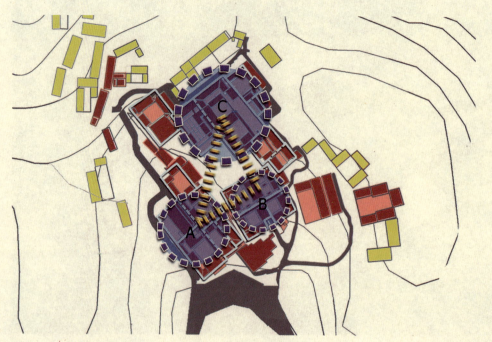

图2-14 师家沟村组团分析图

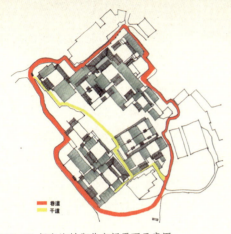

图2-15 师家沟村街巷空间平面示意图

图2-16 师家沟村巷道实景

3.街巷空间形态

师家沟古村中的主要道路共有两条：一条环状巷道和一条主干道，均用石板铺就而成（图2-15）。

1）一条环状巷道

地势起伏较大，限制了师家沟古村的道路布局，因此村落没有采用网格结构，也没有采用传统的中轴线结构，而是结合地貌和建筑布局，形成一条围绕院落组团的环线，较为合理（图2-16）。

环线的开端是村口的牌坊，穿过牌坊就进入师家沟村落的范围，从铺地上也作了明显的划分。石板路铺就的巷道一路曲折而上，道路紧挨着建筑或者院墙的边缘，简洁实用。因为院落的主要入口都在西南方，东面部分的环道主要与院落的偏门或后门交接，加之东北面山势比较陡峭，直逼巷道，所以东北面的道路比较阴暗潮湿，给人压抑的感觉。西南面与较多院落组团的主入口交接，人气较旺。另外，西南面环线巷道的一段还承担着街市的作用，有油坊、醋坊等店面并列布置在环线外的较平坦高地上，算是师家沟古村的小规模集市。

环线内是师氏的宅院和部分零星商业建筑，环线外有部分要氏、师氏宅院、商业建筑和师氏祠堂，山下还有两座庙宇。师家沟古村的居住建筑、商业建筑及宗教建筑穿插分布、灵活布置在环路周边。

2) 一条主干道

村内还有一条主干道联系环道、"福地"和部分院落。其两端与环道交接，穿越"福地"，与院落的主入口、次入口相连，呈鱼刺状分布（图2-17）。

干道空间非常丰富，由开阔到狭窄，由明朗到压抑，张弛结合，有强烈的韵律感和节奏感。其开端连接"理达"院与环道，形成"Y"字形岔路，这段路狭窄、崎岖，一面是高大封闭的砖墙，一面是陡峭的断崖，其下是大庙。随后，干道延伸到"观国光"的偏门，拐入一条小巷，空间出现变化，两侧都是高大的院墙，小巷道本身的坡度很大，整体的空间非常压抑。从坡下向前看，只有一面墙在坡道的尽头，仿佛这条坡道是个死胡同，其实坡上另有玄机，西侧的一半道路被一院落入口台阶占据，巷道向东退去，但是东侧又有另一院落的坡道入口，巷道就此止住，暂且登上院落的坡道，再往东又出现蛇形的坡道通入一涵洞。涵洞内的空间阴暗、潮湿、封闭，也有很大的坡度。涵洞前方的光线把空间由封闭渐渐引至开阔地带，由涵洞口向外，只见一片豁然开朗。经历了欲扬先抑的空间起伏，这条巷道的独具匠心之处自不必说。

图2-17 师家沟村干道实景

4. 排水系统

村落位于三山环抱之中，东、西侧为两两山脉之间形成的冲沟，东、西、北三面地势均高于村落用地，因此成为一个三面汇水之地，极易遭受雨水的冲刷，甚至面临山洪和山体滑坡。因此，师家沟古村必须形成一个良好的排水系统来确保村落的安全（图2-18）。

师家沟村的防洪思想是以"排"为主，疏导水流，顺应等高线变化，利用排水沟、地漏、排水口等将地势较高的水流逐级向下排出。村中的排水方式并不拘泥于一种,既可以由屋顶直接排至村中道路,也可排至院内,经散水坡收集流出,还可流入下级院落屋顶,再由下级院落收集雨水依次排出。总之,任何地方的雨水都有多种方式排出,极大程度地降低了雨水积聚、堵塞的可能性。

师家沟村的排水管道比较隐蔽,大多分布在墙根等不起眼的地方,如不耐心寻找很难发现。村外环道下的排水沟属于暗沟,嵌于石板下,这样既可保持路面干燥,又不妨碍排水,可谓一举两得,故村人有言"下雨半月不湿鞋"(图2-19)。

图2-18 师家沟村排水系统示意图

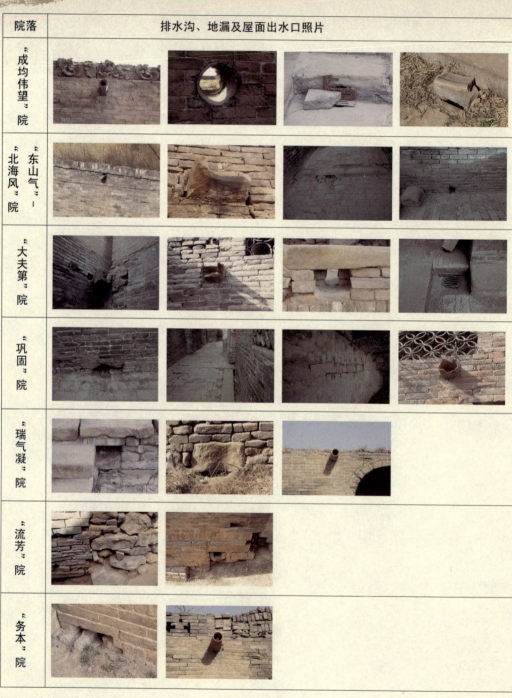

图2-19 师家沟村部分院落排水系统实例

三、节点空间

1. 中心空间——"福地"

在师家沟村落营建之初,即规划了一块空地,形成平面布局中心(图2-20)。在起伏的山丘中,这块半山坡上的平整区域显得特别亮眼,它的上下两方都紧挨山崖,可以挖土建窑,风水先生便把它称为师家沟村的"福地",希望师氏一族能守着这块风水宝地,世世代代兴旺繁茂。最早建起的"巩固院"退于"福地"北侧(图2-21),后来兴建的其他院落都围绕"福地",尽量紧挨着它呈风车状分布。

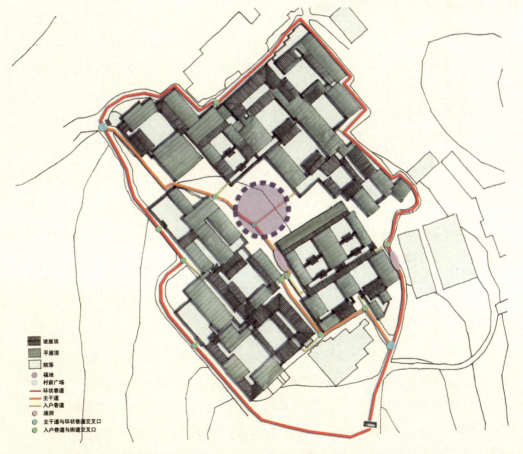

图2-20 师家沟村节点空间分析图

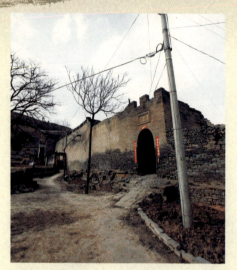

图2-21 "巩固院"

师家沟村"福地"周边的建筑分布反映了强烈的宗族意识，长幼有序，尊卑有别。建筑年代越早、规模越宏大、日照条件越好的院落，离"福地"越近，并且这些院落住着师氏族中的长辈。他们在封建时代的宗族中，是村落政治权力的掌握者、经济资本的持有者、行为规则的制定者和惩罚与奖励的决断者与执行者，宗族长辈聚集的地方类似于全村的政治、经济、文化中心。待到儿孙渐多的时候，他们有能力另立宅院，便会选择新址，院落的各方面情况自然次之，但都靠近福地，处在祖宗的庇护之下。可见"福地"是师家沟村人的一个精神支柱。若有家族会议需要讨论家族事务或宣布某项决议，便会召集族人至"福地"。这使得村民的潜意识中将"福地"看成一个村内的核心范围圈。

村内其他院落建筑遵循围绕"福地"构建，以不同的半径渐渐向山上和山下扩散，形成一个以"福地"为原点，宗族内部长幼次序为规则而扩大的范围圈。

2. 街道交叉口空间

街道交叉口可分为主干道与环状巷道交叉口、主干道与入户巷道交叉口、环状巷道与入户巷道交叉口三种类型（图2-22、图2-23）。交叉口空间形式如图2-22所示。

3. 涵洞空间

涵洞是师家沟古村立体交通的重要组成部分，也是连接上下两个层次的主要载体。当下层空间的公共巷道与上层空间的院落重合时，常利用涵洞以节省空间。

村中共有两个涵洞空间，分别位于环道和干道上，它们的空间构成并不相同。位于环道上的涵洞洞口较大，洞内比较宽敞，可以通行马车、牛车等体积较大的物体。涵洞有一个小角度的缓坡，由于门洞空间比较高，光线充足，因此即使在涵洞中部也不是很黑，给人的压

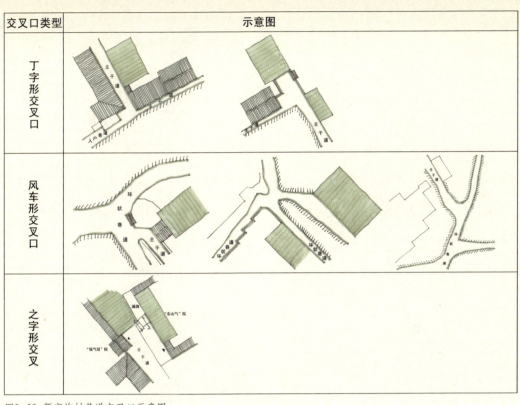

图2-22 师家沟村巷道交叉口示意图

图2-23 师家沟村巷道交叉口

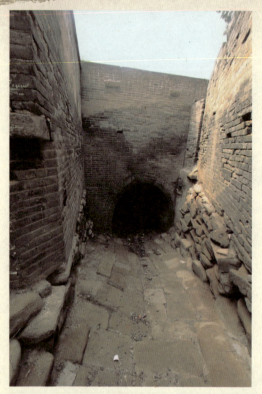

图2-24 师家沟村环道涵洞　　　　　　　　图2-25 师家沟村干道涵洞

　　迫感并不强烈。缓坡的下端入口处比较开敞，两面没有遮挡，可以直接看见远方村口的牌坊，视野宽阔，与洞内的空间形成对比。北端洞口则比较低，有一半埋在地下，入口两边都是高耸的砖墙，洞外的坡道又非常狭窄陡峭，空间感觉非常局促、紧张（图2-24）。

　　位于干道上的涵洞洞口较窄，洞内空间狭长，只能勉强并行两人（图2-25）。涵洞夹在两个院落之间，内壁还有暗门将两院落贯通。其涵洞坡度较大，涵洞南方是狭窄的干道和"东山气"院落入口，南端洞口较高；而涵洞西北方是宽阔的"福地"，北端洞口较矮，洞前没有任何遮挡，故由南端洞口走出，空间顿感开阔，对比强烈。

师家沟古村的 居住建筑
JUZHU JIANZHU

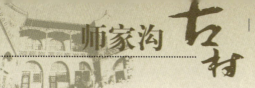

一、居住建筑概述

1. 概述

师家沟古村布局以师氏宗族为主,以组团式民居建筑为中心,要氏家族居于整个村落外沿。两个家族界限明确,各自以血脉相连形成组团,家族内部家规森严,建筑格局严

图3-1 村落居住建筑概貌

谨，体现了中国古代礼制的影响。同样影响着师家沟村居住建筑的，还有山西的晋商文化。师家经商起家，深知世事沉浮。他们有富足的金钱和物质，还有多年的阅历和思路。而商人社会地位低下同时又决定了他们有着通过读书从仕提高自身地位的强烈愿望。这些经历和愿望处处体现在他们所居住的建筑形式和装饰上。院墙高大，尺度超过一般民居的墙高，有很强的封闭感，在这种空间内，会有很强烈的安全感和稳定感，但同时居住时间久了也会有一种深宅高墙里的窒息感，这正是商人的自我保护意识和封闭意识的体现。

宅内雕刻，除了祈求财富外也多见书卷图案，反映了商贾在低下的社会地位中渴望通过读书求仕来提高地位、光耀门楣的思想。在商贾风俗中，水亦代表财富，师家沟院落主轴线倾斜45°，正对五行中水的位置。砖木建筑中，正房两厢位置均为向内单坡屋顶，则是取"肥水不流外人田"之义等等。

由于师家沟村的地形地貌影响，师家沟村的民居建筑主要是窑洞与砖木结构建筑的结合，窑洞建筑与砖木结构建筑通过不同组合形成不同形式的院落，再由院落的错落组织形成村落整体布局（图3-1）。

2.窑洞建筑及其形式

窑洞建筑是师家沟村的主要建筑类型，是构成整个师家沟古村落恢弘的艺术画卷的重要组成部分。

1）单体窑洞建筑

师家沟村的窑洞的平面形式一般为长方形。窑洞面宽多为三孔或者五孔窑，中国古代以奇数为尊，民间造房亦遵循此理。窑洞以正中间一孔为正窑，两边几间以正窑中心线对称。窑宽约3.5米，进深约5~6米。窑洞形式较为统一，多为单孔窑，少数的有前后窑和一进三开的形式（图3-2）。窑洞内设有火炕和灶台。灶台与火炕烟道相通，冬季既可以做饭，又可以取暖。窑洞的火炕多数设最前方与窗台相接，灶台挨着炕尾，明亮温暖，称为前炕或窗前炕。在正窑或者少数窑洞里，火炕位于最里面，与窑掌相接，称为掌炕[1]（图3-3、图3-4）。

窑洞高约3.5米（窑洞内部拱顶），立面通常以连续的墙面与倒U形窑脸相间构成，窑脸或三间，或五间，青砖砌成拱券，嵌在长方形的立面上，显得敦实浑厚却不呆板。窑洞的门窗和墀头雕饰做得十分精致，窗棂样式多变，曲直交错，线条灵活，门上木雕匾额，古朴典雅，带着淡淡的书卷气息。窑洞门窗立面采用统一的东侧双扇开门，窗高约2.6米，

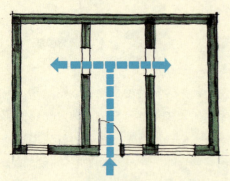

图3-2 一进三开窑洞平面

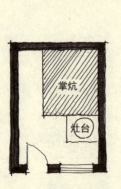

图3-3 窑洞平面布局图

图3-4 窑洞内部

---

[1] 窑洞的两头分别是窑面和窑掌，窑面就是安装门窗的一头，窑掌就是堵窑洞的一头。

图3-5 窑洞单体立面

窑脸最上部的半圆面或分作三间，做窗棂图案，或只在正中开一扇窗。图案变化有致，精美新颖（图3-5）。一进三开式窑洞则是三间拱券窑脸，一间有门，其余两间只开窗，俗称"一明两暗"。

窑檐上通常会以砖斜砌花栏防止雨水冲刷。正房房前会设木构单坡檐廊，檐廊可遮风避雨，其上精雕彩绘，精致华美。窑洞主要为平屋顶，四周砌漏空格状做女儿墙。屋顶作上层院落的院子，亦可以种植草木或蔬菜。草木也可防止雨水的直接冲刷，减少坍塌。

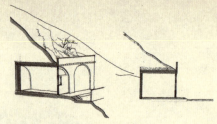

图3-6 师家沟村靠崖窑

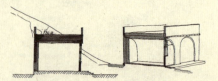

图3-7 师家沟村锢窑

2）窑洞建筑形式

窑洞建筑的结构形式主要有三种：靠崖窑、地坑院窑和锢窑。地坑院窑常见于平原，由于师家沟村沟壑纵横、山势绵延的地形地貌的影响，这里窑洞只有两种形式：靠崖窑和锢窑。

（1）靠崖窑

靠崖式是指在黄土崖壁内开凿横洞，常常是数洞相连，成排并列（图3-6）。这种窑洞在某种程度上反映了远古以"穴居"为主要特征的住宅形式。师家沟村山势连绵，靠崖式窑成排地嵌于山间，形成垂直空间上的艺术美感，雄浑壮丽，与山川浑然一体。师家沟古村的靠崖窑通常有两种用途。土窑是在这种基础上加一道简单的门，以圈养牲畜。而居住建筑则会在洞内砌拱券、吊顶，洞外以青砖作护墙。

（2）锢窑

独立式窑又叫锢窑（图3-7）。一般是用土坯和麦草黄泥浆砌成基墙，拱券窑顶而成。窑顶上常填土呈双坡面，用麦草泥浆抹光，前后压短椽挑檐，有钱人还在上面盖上青

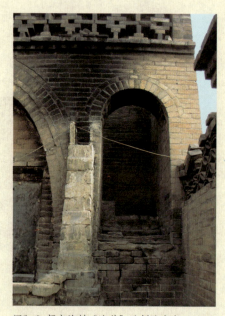

图3-8 师家沟村"流芳"院侧院高窑

瓦，远看像房，近看是窑。这种窑洞无需山崖依靠，能够自身独立，却又兼有窑洞的优点，民间又称"四明头窑"。在师家沟，师氏祖宅——"巩固"院一带地势相对平缓，是山腰上的一处小平原，大部分窑洞皆为独立式窑。因不依靠山崖，可以前后开窗，通风和采光都比靠崖窑要好很多。

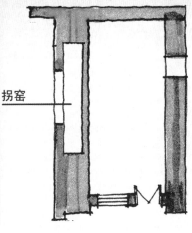

图3-9 师家沟村"竹苞"院拐窑

按用途来分的话，师家沟的窑洞亦有很多种，除生活起居之外，在正窑面两侧或是两窑口之间的上部，挖小窑一孔，修阶梯而上，可以临高远眺村庄全景，亦可用于防卫匪盗，称为高窑。如"流芳"院侧院便建有高窑（图3-8）。还有的院子里，在窑内一侧挖一小窑洞，多为储藏贵重物品或粮食而用，叫拐窑，如"竹苞"院（图3-9）。

图3-10 "咸均伟望"窑上窑和窑上楼

3) 窑洞与砖木建筑的组合

在师家沟，窑洞可以是单层，亦可与砖木结构组合成楼的形式。二层多为三合院，空间狭小的则为木构檐廊，所有建筑屋顶向内单坡。一层为窑二层为砖木结构建筑，则称为窑上楼，如"巩固"院、"流芳"院，皆为窑上楼。而"成均伟望"为三层，是为窑上窑、窑上楼（图3-10）。两层都为窑洞的，称为窑上窑。师家沟的窑上窑院落都很方正开阔，形式微有细小差别，如"竹苞"院三面皆为两层箍窑，"大夫第"则是一层为靠崖窑，二层为箍窑。

3. 师家沟村院落构成

师家沟村合院的规模和形式各不相同，但各院的构成元素大致相同。主要有正房、厢房、倒座、入口、院子五个部分，少数院子正房会带有耳房（图3-11）。

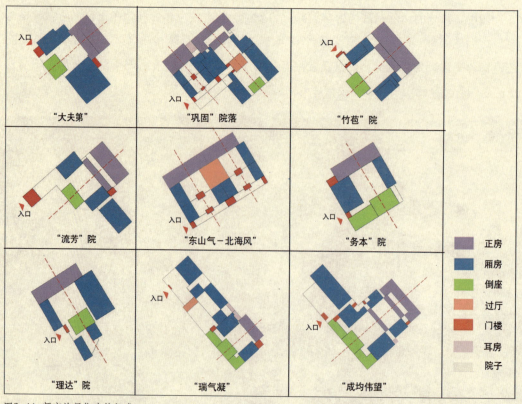

图3-11 师家沟居住建筑组成

1) 正房

　　在师家沟村，正房也可以称为"上窑"，是院落中等级最高的建筑。师家沟村的正房多数建于0.8米高的台基上，高于院落中其他建筑，强调其地位同时亦防止雨水倒流。正房多数为靠崖窑。前带木构架单坡檐廊，雕饰华丽，以彰显其富贵。常采用"一明两暗"或是"一明两暗两次"（五间窑）的形式。多数院落中

图3-12 单坡砖木结构建筑——"成均伟望"二层厢房

的正房为两层，窑洞与砖木结构结合，一层为前带单坡檐廊的窑洞，二层为砖木结构建筑或是锢窑。

2) 厢房

　　如果是窑洞，厢房也称为"厦窑"，略比正窑低矮，建于约0.2米的台基上，在规格和装饰上都低于正窑，多为平屋顶。在外院，厢窑在功能上一般为生活用房或仆役用房；在内院厢窑则作家族晚辈的起居用房，依照左昭右穆的等级次序布置。多数厢房为三开间，在少数规模较小的院中，厢房会出现两开间。

　　二层院落砖木结构建筑组合的三合院中，正房及两厢屋顶多向内单坡，形成狭小的向内聚拢的空间格局。正房面宽三间，两厢面宽不拘，依地势而定。门上多有匾额，装饰素雅但不重复，门窗图案华丽（图3-12）。

3) 倒座（过厅）

　　在师家沟村倒座一般用于接人待客。中国俗语有云："主贵于宾。"故倒座的屋檐又低于正房和厢房。倒座多为双坡硬山砖木结构房屋，仅在"成均伟望"院落中倒座为锢窑。倒座一般为三开间，每间约2.5米，向外只高高开两扇小窗，用于通风和采光，有的小窗为假窗，不透光，仅作装饰。倒座装饰素雅，内部三间贯通，多用一榀四扇式木隔扇门，居中双开扇。门上题匾额，以示主人风雅。

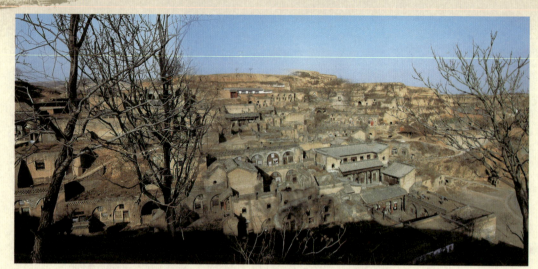

图3-13 师家沟居住建筑屋顶

4) 院子

院落是居民活动的主要场所，也是整个院落的精神中心。院落有主院、配院之分，主院通常都十分方正，两进院落中第二进为内院，主要用于家眷活动，第一进为外院，作生活用所，比例接近正方，视野开阔。因当地习俗，院中一般不植树木。配院的形状不作要求，因地制宜，用处多为生活杂用或是其他特殊作用。

院落既是一种内向聚合的空间，又具有开放性。师家沟村院落四周高墙树立，墙上鲜有开窗，形成一种封闭的院落空间。这种封闭将严寒酷暑挡在院外，在院内形成一个小气候，有很强的调节性。而院落本身是一个相对开敞的空间，在这个空间里，所有建筑都通过屋顶形式和建筑朝向向院内聚拢，使院落具有很强的向心力。

窑洞院落中通常会有一个十分特殊的功能空间，即上人平屋顶空间。因为窑洞上方十分厚实，加上山地土地十分紧张，屋顶空间成为重要的活动场所，同时丰富了院落空间层次。屋顶以女儿墙围合，有的墙上会设风水壁。这种平屋顶形式与双坡和单坡砖木结构建筑屋顶形式一起，形成师家沟村特有的屋顶空间。远远望去，屋顶相互错落组合，不同形式交叉，形成独特的立体交叉的空间格局（图3-13）。

5) 入口

师家沟村主要院落的入口皆设置在西南角，进门正对倒座侧墙的影壁。师家经商为主，

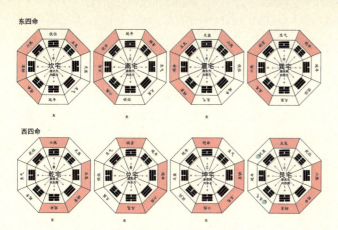

图3-14 八宅风水图

对风水极为讲究,每个院落宅位均按八宅风水来确定,如"巩固"院和"东山气—北海风"两大院落组,正门向西南开,位于艮宅的生气位上,主生财,入门设走廊,连接各院,走廊中间设过门(图3-14)。

师家沟村的宅门形式主要有两种,一种是门楼,一种内嵌拱券式。门楼通常采用木结构双坡硬山顶形式,亦有砖雕门楼,以砖石做出木构架形式,有木构建筑的精美灵活,亦有砖石材料的端庄大气。内嵌拱券式宅门是由窑洞建筑衍生出特有的入口形式,比门楼更为简单朴实。砖石拱券嵌入墙体做门洞,不设门扇,门上砖雕匾额。

外门与院门结合是师家沟村院落入口空间最为独特的一种。外门具有很强的指向性,当院门与公共道路空间距离较远或在方向上联系不够密切时,就采用外门来进行引导,拉近院落与道路的关系。外门和院门形成独特的入口空间,两门相套,加强了院落的空间纵深,在视觉角度上增添了院落的私密性和神秘感。由巷道或外院引导的院落多不设外门,采用内嵌拱券式门洞,门前开阔,门内收缩,门洞较为开放,具有一种公开性和邀请感(图3-15)。

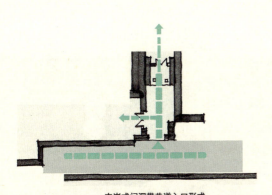

内嵌式门洞带巷道入口形式

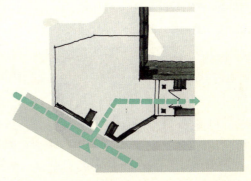

外门与院门相套入口形式

图3-15 院落入口形式

4.师家沟村院落形制

师家沟村院落形式灵活多变，因山而建，随山就势，在不同位置有不同院落格局。院落基本形制为四合院和三合院，再由此组合成多进院落。院落中正房及两厢多为窑洞，倒座及二层阁楼为砖木结构建筑。院内中还会设影壁、壁龛等。单进院落中正房多为两层窑上窑，主人居住，装饰华丽，雕刻精美，两厢一般作生活用房和仆人居住之所，倒座与正房在同一条轴线上，为宴宾之处，院落简洁明快。例如大夫第便是典型的单进院落，正房两层，两厢对称，格局方正端庄。"福地"附近小平原处的多进院落中，外院为仆役生活及杂物堆放之用，内院为主人及家眷住所，两院之间设过厅或者过门。沿主轴线依次为正房、过厅（垂花门）、倒座，左右两厢对称。早期建起的"巩固"院格局便是此形制。"成均伟望"、"瑞气凝"等院落修建比祖宅略晚，且依山而建，院落多分层递进，二、三进院落沿山而上，前院屋顶作为上层院落，为窑上楼，楼上楼。主院内部及两边均有通往二层的通道。二层、三层院落多为主人书房或者内眷用房，院落随山势起伏，雄伟壮观。

三合院在师家沟村多见于两进院落，或者二层的小院落。如"东山气—北海风"院落中，每进主院均是三合院形式，比之四合院少了倒座，大门位于院落中轴线上（图3–16）。

师家沟村的院落多设有配院。配院设在入口附近，多为马厩磨坊之类生活用房，或是仆役使用；设在内院，则是作为银库之类使用。配院平面形式不拘，或只设三间窑洞，或不设房间。

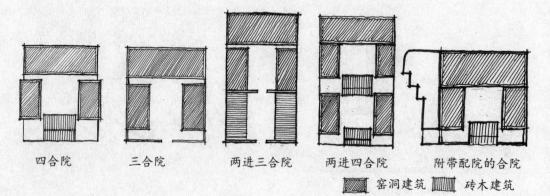

图3–16 院落形式图

师家沟村院落秉承了中国古代建筑一贯的对称格局，各院之间也布局严谨，联系紧凑，并在周正的布局上，随地势加以变化，形成完整灵活的院落空间格局。通常采用前后串联或左右串联式院落进行组合。

前后串联式院落是指通过过厅或者过门将处于同一纵轴线的两进院落串联起来。两进院落联系紧密，三合院形制多由过门连接；四合院则是由过厅连接。第一进院倒座作客厅待客，两厢作仆役住所，第二进为内院，除通过过厅进入，两侧必然还设有暗门或者偏门。这种连接方式沿纵轴线层层递进，形成深远的空间层次，同时部分院落还通过垂直空间上的变换表达着空间的主次及等级，形成不同性质的院落的纵向连接。

左右串联式院落是通过两厢内的暗门或者正房的侧墙开门将两院串联，这样通常第一个院子是主院，用以主人居住接客以及仆役用房，第二个院子做配院，入口设置隐秘，或是如竹苞院，入口藏于厢房内，作银库之用，或是如流芳院，仅供内眷使用。配院通常都会设置后门，可以绕路进入。如"瑞气凝"院落，由一道过门连接两进院落，院落呈水平递进，第一进为生活杂用的外院，第二进是主人居住的内院。这种沿横向轴线连接的方式以院落的尺度和连接空间的形式表达着院落的空间作用和主次关系。

5. 师家沟院落组合

院落组群是由若干个单体院落按一定方式组合而成的。师家沟是一个血缘聚居村落，邻里关系十分亲密。而同一血亲之间又会分为许多小家庭，彼此之间相对独立。这种关系使得许多血缘较近的家庭居住在一个彼此联系的院落组群中。院落之间通过院子或巷道相互连通（图3-17）。

院落连接是指一个单独的院落

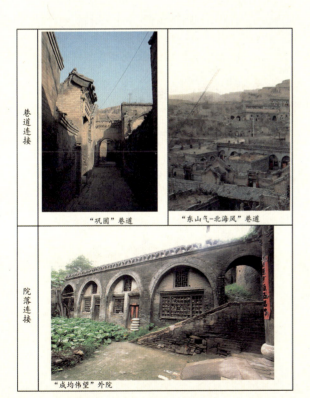

巷道连接　"巩固"巷道　"东山气-北海风"巷道
院落连接　"成均伟望"外院

图3-17 院落连接方式

将两个或两个以上的院落入口连接起来，这个院落通常会有自己的厢房和倒座。如"成均伟望"院落，就是由外院将一层和二层入口连接起来。而外院用作仆役居住及生活杂用。这样使得"成均伟望"一层和二层相互联系，又彼此独立，增加了院子的层次感。巷道连接是通过一个巷道连接几个院子的入口，整个巷道经过有意的设计与营造，具有明确的界限。如"巩固"院的巷道，连接了三个四合院，使"敦本堂"院落和祖宅的内外院左右并联，巷道另一侧还设置有马槽和磨坊，中间设二门，用以划分两个院落空间，具有很强的空间递进感和层次感。

院落之间的连接形式对于建筑的整个空间节奏有很大的作用，院落和巷道是院落内部联系的纽带，为院落提供了一个缓冲空间。相似格局的院落并列在一起，形成多组轴线，通过院落空间比例、尺度以及形制的变化暗示院落的主从关系，横纵参杂。在师家沟，院落都有暗道侧门相通，但是各院还具有相对的独立性和私密性。这些院落彼此相互联系，通过各种连接方式连接成院落组群，而院落组群在空间上相互联系，则形成村落（图3-18）。

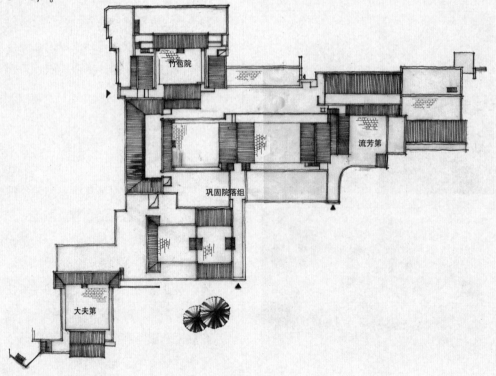

图3-18 "巩固"—"竹苞"—"流芳"—"大夫第"院落群组

二、典型居住院落

师家沟整个村落布局是成阶梯状，依山就势，沿着山体顺势而上。在纵向的阶梯组合之上，还有水平的空间序列组合。院落围绕村落福地形成风车状分布，既有水平的空间组合，又有纵向的递进。以其院前牌匾为名，主要有"大夫第"、"巩固"院、"竹苞"院、"流芳"院，"瑞气凝"、"成均伟望"、"东山气—北海风"、"理达"院、"务本"院这几个院落。

1."巩固"院

乾隆三十四年(1769年)，师家第三代师法泽坐地起财，经商致富，在师家沟村一块平地上盖起来了这里的第一处大院。院子为两进，中间设一过厅相连，前院用来迎接宾客，后院供主人居住，正房为两层独立式锢窑，有暗道相通，其余均为一层建筑。不久，师家生意兴隆，遂在主院旁边加盖一套两进小院，设一巷道相连，巷道西边开门，门上题名"巩固"，意求子孙后代稳步前行，巩固踏实，这便是"巩固"院落。

"巩固"院位于师家沟古村落福地北边（图3-19），东接"竹苞"院，南邻"流芳"

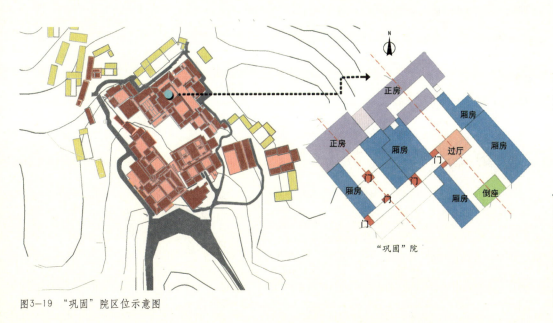

图3-19 "巩固"院区位示意图

院，西傍"大夫第"，藏风运气，背山面水，风水极佳。院落布局方正，以巷道为主要交通，流线清晰。"巩固"院轴线为西北—东南走向。院落由两套大院组成，靠东为师家祖宅，共有23间窑洞，西边为"敦本堂"，有九间窑洞。"巩固"巷道南原有一排矮房，做马棚和磨坊。院内装饰朴实，简洁庄重，却不失贵气。檐廊雕刻精美，花纹繁杂，极尽师家沟雕刻艺术之精华。房屋门上多不设匾额，只有过厅，倒座和门楼上有大匾。

师法泽过世后师家五门分家，祖宅分给了二子师自省。此后一直为师家第二门居住。如今的"巩固"院作为师家沟最早的古院，保存依旧较为完好，部分略有破损。院中住户多已搬出，人去楼空，徒留苔痕映阶。

1）整体布局

"巩固"院布局规整，两个方形院落整齐组合，并联相通。"巩固"院主轴线与大夫第垂直，略向东偏移，正房面向东南方采光，光照充足，冬暖夏凉。

"巩固"院大门朝向西南，进门空间收束，一条狭长巷道东北—西南走向，到祖宅过厅外墙为止。巷道南侧为已毁的马棚磨坊，马棚尽头是前院偏门。"敦本堂"和祖宅内院在巷道北开门，两门之间的巷道上有一过门，里间门上雕匾"树德"二字。三处小院皆垂直于巷道中轴线，祖宅的两进院位于一条轴线，向轴线纵深方向延伸（图3-20、图3-21、图

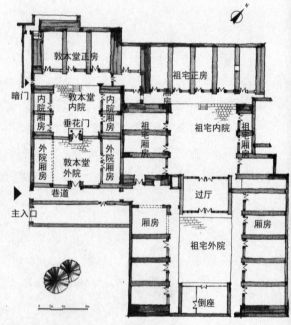

图3-20 "巩固"院平面图

图3-21 "竹苞"—"巩固"—"大夫第"院落组群A—A剖面

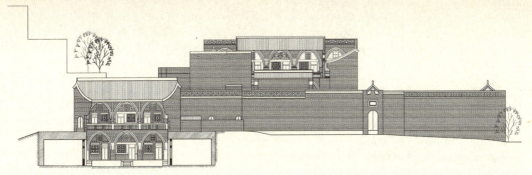

图3-22 "巩固"—"大夫第"院落组群西立面图

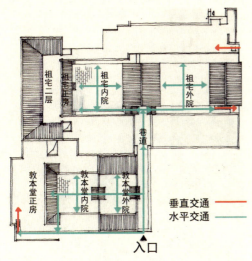

图3-23 "巩固"院交通

3-22）。院落虽大，但交通流线组织得十分巧妙。除了清晰明确的主要交通，院中还各自设有偏门暗道，与外界联系（图3-23）。

"敦本堂"位于巷道伊始，主轴线与祖宅平行。共有两进院落，总进深与祖宅内院相差无几。外院左右厢房为三开间砖木结构，两进院间为双坡木构垂花门，门上高悬"敦本堂"匾额。内院正房为外缀单坡檐廊的一层独立式窑，左右各两厢两开间锢窑。垂花门与院门处于院落中轴线上。内院厢房与正房相接处各有一道暗门，与祖宅相通。

巷道尽头为祖宅入口。祖宅内院与"敦本堂"位于同一横轴线上，大小相近。正房一层为单坡檐廊独立式锢窑，檐廊的东侧为砖砌踏步，可登正房与厢房屋顶。正房二层为五开间砖木结构，两侧建有对称的锢窑，因而形成一个相对封闭的三合院。此院与两侧厢房的顶部连成一体，形成一个比较宽阔的二层活动空间。两厢为三开间独立式锢窑，倒座是与外院相通的过厅，连接两院。外院大小与内院基本相同，平面呈方形，两厢为三开间独立式锢窑，西厢南边曾为祖宅主入口，现已封堵。倒座与过厅相对，为待客之所，双坡硬山顶，面宽三间，门上悬匾。

巷道尽头设内外两院，各有一道偏门。后因分家两院分开而改成主入口。

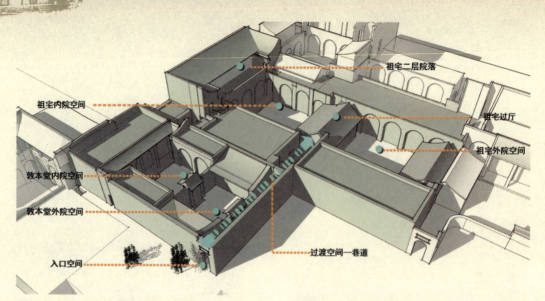

图3-24 "巩固"院空间分析

2）空间分析

"巩固"院布局讲究，位居村庄中心，统领村中院落，自有一番庄严之气。院中细节，更是处处考究（图3-24）。

(1) 空间序列的开端和过渡

"巩固"院前平坦开阔，门前栽一棵桃树，已有些年代，桃李在村人眼中皆有延年益寿，儿孙满堂之意，一棵古桃树，承载着师家祖辈的期盼与福泽。

与平坦的空地相对的是高高的院墙，院门嵌于院墙之间，是一座石券拱门，一道砖石砌券将平坦开放的空间收缩，门上竹节为框，题石匾"巩固"二字，字体敦厚，气势浑然，匾上砖坯整齐，顶上规整的城墙垛，纯朴厚实（图3-25）。门前石阶井然，立阶上向内望，巷道幽长，门中有门，过门为

图3-25 "巩固"院入口

图3-26 "巩固"院"敦本堂"门楼　　图3-27 "巩固"院"敦本堂"院门砖雕

砖砌拱门，微有损毁，依稀可辨双坡顶，敦厚朴素。巷道尽头一道纹饰简单端正朴实的坐山照壁，硬山单坡出檐，壁心素雅，只贴以斜置方砖磨砖对缝，整齐对称，外围两圈竹节纹线枋子，朴实无华。两道门和照壁均在巷道主轴线上，增加了巷道的空间纵深感，形成了良好的透视效果。如今，加盖的半堵砖墙遮去了一部分照壁，只留半扇，依旧可见当年风采。

院门与巷道构成的收缩空间，成为进入这个群组的枢纽。巷道狭长幽深，两边高墙森森，具有明确的界限和很强的私密性，营造出凝聚的气氛，对建筑空间节奏的渲染有很大的作用，是建筑中的缓冲空间。如果用音乐来比拟院落，那么它便是"巩固"院的序曲。距巷道约数十步，有一座精美恢弘的门楼，便是"敦本堂"院门（图3-26）。

(2) "敦本堂"

门楼是"敦本堂"院落与巷道的联系枢纽，是"敦本堂"小院落的前奏。通过门楼，就从一个狭窄悠长充满着神秘感的收缩空间转入一个豁然开朗的开放空间，从而奏响"巩固"院的第一个乐章。

师家沟门楼多为木构，盖因砖石结构稳重单一，不及木构建筑形式多变，精致华丽。但"敦本堂"门楼却是砖石精雕而成，华美恢弘，不见木材，却别有一番韵味（图3-27）。门楼与院墙相连，砖瓦搭接双坡悬山顶，屋脊吻兽均已剥落不见踪影。砖雕夔龙博风缀于檐下，龙口微张，龙舌伸出，须发可见，如意纹作麟，云纹相托，圆目微嗔，炯然有神。檐下椽檩额枋结构分明，均为砖雕，沉稳细致。枋上三攒斗栱，只作装饰，正中一攒椒图雕纹托出龙首耍头，以求门扉紧闭，家门安全。左右两侧斗栱，斗座骏马奔牛回首遥遥相对，耍头均为草纹仙桃，饱满浑圆。斗栱之间各一幅梅花鹿浮雕，或回头弄梅，或低头嬉戏，憨态可掬，生动活泼。

额枋下两边各一垂花短柱，柱顶向前伸出龙头，龙口含珠，柱尾五层莲座缀一尾锦鲤，鲜活灵动，寓意富贵吉祥。短柱间砖雕挂落，上层为连续七幅浮雕，皆为桃子、石榴、葡萄、柿子等果实，寓意多子多寿。浮雕下以莲花纹为隔，接双龙舞浪水纹。两边雀替均为莲花藤蔓间立一童子，神态动作均不相同，取义"连生贵子"。院门为朱色木门，朴实简单，门上悬匾"瑞雪搏远"，以抒主人之志。门枕石方正，正面施以牡丹卷草浮雕。整个门楼结构均由砖石雕成，仅在内侧出现木质额楣，正中草纹托一朵菊花，额枋下施以如意纹挂落。

① "敦本堂"空间序列的过渡——外院

推门而入，便是"敦本堂"外院。外院主要作日常生活待客而用，主人内眷生活起居则集中在内院。院落宽敞，尺度怡人，是重要的交通空间和过渡空间。

外院东厢房已经坍塌，徒余断井残垣，不见当年风华，残留墙面可以看出是单坡硬山顶，格局应与西厢对称，右厢面宽很窄，一楹四扇两门，直棂格窗，装饰朴素，门上大匾书"花萼增辉"四字，应为待客之所（图3-28）。

院门正对垂花门。这是"敦本堂"乐章进入高潮的过渡，在经过外院的开放空间之后，空间再度收缩，为进入中心院落铺垫。在院外对门望去，两门在同一轴线，门中有门，外门作框，二门作景，垂花门里间门扇还在时，可以遮挡视线，并形成对景，现今门扇已失。

这是师家沟保存最为

图3-28 "巩固"院落 "敦本堂"外院

华美的垂花门。门外间装饰华丽，雕刻精美（图3-29）。双坡屋顶已有部分损毁，但雕饰依然保存完好，檐下桁檩额枋均施兰草彩画，虽现已剥落大半，但依旧可辨其状，檩下漆青竖纹实拍拱架起挑尖梁头，梁头伸出，雕漆青龙首，间镂雕填充，靠近栱端各一对仙鹿腾于祥云之上，镂空如意纹相连，正中一块嶙岣青石伸出千年古松，松针层层繁复，苍劲有力（图3-30）。额枋下接垂花短柱，柱顶穿插枋头挑出，雕含珠龙首，柱尾四层莲座堆叠，坐于圆形锥尾之上。柱间挂落五朵镂雕姿态各异、惟妙惟肖的牡丹，妖娆怒放（图3-31）。两端雀替各一只凤凰立于枯石烈火之上，傲然冲天，祥云缭绕。朱色长柱立于鼓状卷草牡丹雕花柱础之上，门

图3-29 "巩固"院"敦本堂"垂花门外间

枕石方正，施金钱牡丹纹样；门扇朴素，花状铺首，门上书"敦本堂"三字匾额，为院主亲手所题，端庄大方，浑然有力。

垂花门两侧院墙稍矮，墙上双面坐山照壁，上稍作出檐，檐上卷草牡丹屋脊，竹节线

图3-30 "巩固"院"敦本堂"垂花门木雕

图3-31 "巩固"院"敦本堂"垂花门垂花柱　　　　图3-32 "巩固"院"敦本堂"垂花门里间

枋子做框，素做壁心，斜置方砖作菱格纹。

　　垂花门里间相比外间的繁华装饰，要素雅很多（图3-32）。额枋正中雕祥云纹捧一朵菊花，枋下饰对称流云绕四字匾额——"清白家风"。匾下为转扇，当有红白之事或是贵客来访，便开中门相迎，平日只走两边。如今门扇已失，只有两根木柱形影相吊。

② "敦本堂"空间序列的中心——内院

　　中门之后，便是内院，内院为主人最重要的活动空间，院内长宽比接近黄金分割，斜砖铺地，三合院形制，院落朴素，却是"巩固"院落的第一个小高潮，是"敦本堂"的核心所在。

　　师家沟的窑洞基本为五或者三等单数开间，正房面宽三间，左右厢房是师家沟少见的两开间独立式锢窑。正房外接单坡檐廊，四阶石板上正房台基，四根木明柱顶七攒一斗二升漆青斗栱，平身科正心栱雕卷草花叶，耍头约一斗口，施如意纹仙桃，柱头科祥云如

图3-33 "敦本堂"内院正房

图3-34 "巩固"院中古磨

意托二斗口桃尖梁头,角科同柱头科,栱上桁檩彩绘施青底金叶白花莲花,额枋素净,雀替为祥云水浪,两厢堰头两圈线枋各框两只小狮子,脖系铜铃,脚踩祥云,顶上倒莲座纹托两幅金菊浮雕,侧面龙首砖雕搏风,整个内院雕饰简单素雅,正房端正朴实,书条式混龟背锦辋圈窗,实木门扇,并无装饰(图3-33)。两厢平屋顶一律菱格锦与铜钱纹相间女儿墙。纯朴无华的院落缀以雕饰繁复精致的门楼,繁简搭配,并不累赘。

正房两侧与厢房相接,西厢一道暗门与"大夫第"二层侧门相接,东厢过门接一小跨院与祖宅相通。外院院中有一盘古磨,据村人说此磨原在巷道南的磨坊,因磨坊倒塌才移至院中(图3-34)。

(3) 祖宅

① 祖宅空间序列的过渡——外院

"巩固"院祖宅外院入口在巷道深处遇影壁右转(图3-35),内外院以过厅为界,外院用以待客，内院则作居所，是以前堂后室，穿堂入室。因祖宅现已改建，正门被填，只留原来的两扇偏门作内外院的入口，使得祖宅空间序列的递进顺序略有变化。

院落较"敦本堂"宽敞，方正规整，开朗明亮，院内方砖斜置铺地，简明大方。

倒座毁坏较为严重，双坡硬山屋顶已经坍塌大半，倒座与过厅格局形式大抵相似，进深面宽相同，墀头雕仙桃石榴，骏马踏浪，门窗施梅花纹龟背锦槅圈窗，一榀四扇式木槅扇门居中开两扇，左右各一扇一开间大窗，雕饰简单雅致，端庄稳重。门上悬匾"迪吉迓休"。匾意吉祥明媚，传达着文者对后代吉祥安好的祈盼。

图3-35 "巩固"院巷道

左右两厢各为五开间独立式锢窑，平屋顶金钱纹漏窗女儿墙，东厢中间门顶码三箭直棂辋圈窗，左右两间对称施梅花纹菱格锦窗。西厢以直棂窗镶梅花色垫和棋盘式为主，两窑口间设壁龛，卷草花纹屋脊龙首吻兽，略作出檐，祥云海浪挂落，龛内神像已不见，两边竹节作柱，鼓形柱础，下雕基座。东西两厢原作仆役住所、厨房及储藏用房，西厢最南一间正对倒座西墙，原作祖宅最初入口用，窑口大敞，进窑向南，一道石券拱门，便是院门。院门窑旁有一道石拱暗门，如今已被砖石封去大半，与隔壁"流芳"院西厢相通。暗门与倒座之间一架石梯直伸向房顶。

过厅建在小院正房位置，双坡硬山顶，面宽三间，内部贯通，屋脊莲花金菊卷草纹样，左右各立吻兽，兽头已毁，只余细纹龙鳞，形似鱼尾，尾若羽翼，是龙九子鸱吻。墀头两盘石榴仙桃浮雕下竹节线枋子绕一匹奔驰骏马，脚踏巨浪，头顶祥云。门窗皆以龟背锦梅花纹混杂。门上无匾，顶对称的隔窗。桁檩施精致彩绘，彩蝶飞花，卷草连纹。檐下五攒斗栱，平身科做雕花实心栱，中间为如意祥云纹缠绕一朵菊花，两间为海浪水纹裹十字梅花。柱头科以挑尖梁头雕成鼓状，两面施海浪水纹（图3-36）。

过厅是连接前后院的枢纽。它既联系了两个院落，又将两个院子明确地分割开来，开放的外院空间在此处收缩，而内院空间则完全被隐在后面，看似祖宅外院乐章的收尾，却是高潮奏响的伊始。

②祖宅空间序列的中心——内院

因五门分家，过厅封闭，进入内院则要经与外院相对的偏门。偏门为拱门，门扉暗青，墙面斑驳，毫不起眼。进门之后光线忽暗，前行几步但见右边天光斜铺，沿墙右转，豁然开朗，便到了内院。偏门开在西厢最南边的窑洞里，窑口窗格井然，从窑里向院内望去，院内阳光明媚，草色青青，屋舍俨然，拱形窑口和龟背锦窗格将画面分割，景色宜人。这便是"巩固"院的核心院落——内院，院中套院，亦是整个空间的高潮所在。

内院同外院一样，院落方正，左右两厢窑洞对称，各面宽三间，上人平屋顶以金钱漏窗女儿墙作围护，女儿墙下一道露尖斜置石砖牙（图3-37）。除西厢入口窑口顶部为整面半圆形扇面格窗，其余均为到顶的龟背锦小方窗，素色门扇，直棂格窗，两厢皆不做过多装饰。立面显得淳厚朴实。东厢有暗门通到"竹苞"院，据说专供保镖们居住，以卫护银库。

正房一层坐于四阶台基之上，为五开间前置单坡檐廊独立式锢窑，三间明窑，两间被厢房遮挡成暗窑。书条式混龟背锦的半圆扇面格窗开敞明亮，图案灵活多变，各不相同。窗下两扇窄门，门上横等宽龟背锦格窗，门旁并置一扇大窗，韵律多变，棂格形式相似却截然不同，别有一番趣味。正中堂屋门上题匾。两窑之间设砖雕壁龛，壁龛上雕两朵金菊，座下一朵睡莲，龛中所供之神现已不在，想是已随主人乔迁新宅。窑前四根明柱，架起外缀的单坡檐廊。檐廊精雕彩绘，装饰华丽，内容却又古朴稳重，寓意吉祥（图3-38）。

正房二层较一层后退，为面宽五间双坡硬山建筑，大半都已损毁，还留下部分木结构，一榀四扇式木槅扇门，居中双开扇，门上施棋格混龟背锦纹槅扇，第三间门上悬一块四字匾额"水月松风"。楼两端建有厢房各三间，平面呈凹字型布置，在正房一层顶部形成一个相对封闭的三合院，传说为赏月房，是举行聚会活动的场所（图3-39）。

二层院落空间相对一层来说要小很多，长宽比约为1∶2，在内院中竖向延伸出一个新的空间，使得"巩固"院空间层次更加丰富，由一层到二层，要经过窄小的暗道，在收缩的空间之后再度营造出一个开阔的空间，使这个院落更加神秘、独立。整个院落格局由南到北渐渐抬高，到小院达到竖向空间的制高点，可俯视全院。

过厅的立面与外院立面相似，左右墀头以须弥座中间雕寿字，枋下一榀四扇式木槅扇门，门上菱格锦带色垫窗，左右各一榀四扇式菱格锦輄圈窗，门窗上施镂雕横窗，每榀三扇方窗，门上正中为鱼尾锦輄圈窗，左右为金钱纹，简单通透。门扇因第十代分家，作了改动，过厅封闭，一分为二，供两家使用。

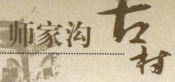

图3-36 "巩固"院祖宅过厅

图3-37 "巩固"院祖宅内院西厢

图3-38 "巩固"院祖宅内院正房

图3-39 "巩固"院祖宅二层院落

院落建筑大部分保存完好，正房与厢房之间均有暗门，与其他建筑相通，若有祸事，方便族人集合避难。

"巩固"院祖宅为师家沟最早的大宅，师法泽经商有道，勤俭持家，德高望重，宅邸虽然精致宏大，却不过分奢华，素雅淳朴，端正庄严，自有一股浑然大气。

2."大夫第"

"大夫第"是使师氏盛极一时的师法泽长孙师鸣凤的宅邸。院前悬挂适时山西巡抚曾国荃所赠的"大夫第"的匾额。匾额在"文革"时期被毁，如今只留一个写有"耕读传家"的匾，代替那块珍贵的匾。师鸣凤官拜五品，是师家历史上最为显赫的人物。这座宅邸因此也显得尤为重要。

如今这座宅邸保存完整，为师家长子师登云一门居住。据家谱及县志考证，院落始建于嘉庆八年（1803年）。它位于村落西北侧，面向西南，为一个二层单进院落，背山而建，东邻"福地"。二层

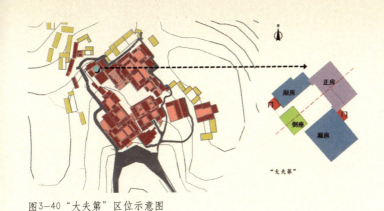

图3-40 "大夫第"区位示意图

与师氏"福地"在同一高度上（图3-40）。院落不大但十分精致，精美的石刻、影壁、匾额都是师家沟的艺术瑰宝。

"大夫第"是师家沟空间组合上比较简单的院落，共12间窑洞，倒座为砖木结构，配

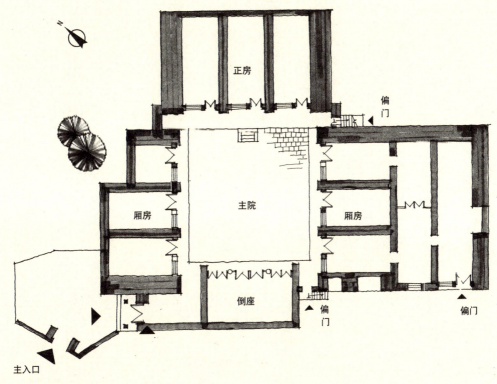

图3-41 "大夫第"平面图

以繁复的雕花，十分精致。加上院门，院中共有十四块匾额，两个大门，三个过门，一道暗门。

1）整体布局

"大夫第"院落长宽比例接近1:1，整体格局方正严谨，这种比例的平面格局使整个院落有良好的通风，轴线向东北方向倾斜，正房面向西南方向采光，光线充足。院落北接师家最早的"巩固"大院，西对师家商铺，东南侧临"瑞气凝"院落，与三个院落之间还有暗道相通。大门设于西南角，向西侧开门，与村中石板路相接。沿石板路向上可以直达二层的过门（图3-41、图3-42、图3-43）。

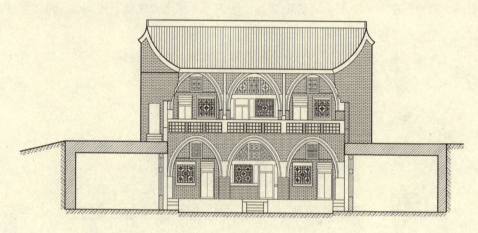

图3-42 "大夫第"正房剖立面

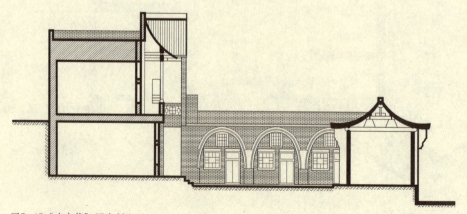

图3-43 "大夫第"厢房剖立面

正房为二层锢窑，每层有三间窑洞。每间窑洞上都有端庄秀丽的匾额题字。左右两侧各为一层三间平顶锢窑。门上同样有匾额题字。由于院落的轴线倾斜，左右厢房的光照也比较好。东厢房与正房连接之处设有暗门，沿内部楼梯向上可以通到正房二层的东门口。倒座设于南侧，砖木结构，为双坡硬山屋顶。三间木雕花门，门上悬三个大匾，从西向东依次为"事理通达"、"德性坚定"、"心气和平"。

院落整体，沿南北轴线层层抬高，形成良好采光，强调了正窑的主体地位，亦有利于光照。正门位于院落西南倒座西侧，倒座东侧设一过门，可通往村中干道。正门外侧还设有一个南向的外门，将路线由石板路引导向院门。两个门相套，将人引导入院内。三扇门两明一暗，形成了既具有高度私密性，又有相对开放性的入口空间（图3-44）。

由于格局简单，"大夫第"的主要交通十分明确，但建筑内部仍有暗道和暗门与院外相通（图3-45），构成复杂的内部交通。

图3-44 "大夫第"外景

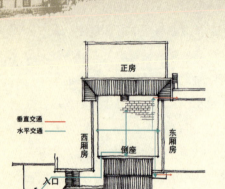

图3-45 "大夫第"交通分析

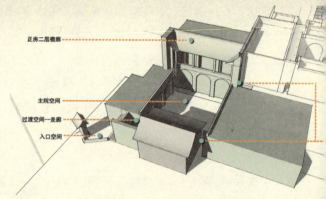

图3-46 "大夫第"院落空间分析

图3-47 "大夫第"入口

2）空间分析

"大夫第"院落的布局比较简单，却在细微处独具匠心，巧妙变化，丰富空间层次（图3-46）。

（1）空间序列开端——入口

外门与院门之间并无实体围栏，由石板路引导进入。外门略比院门低矮，也是硬山双坡形式，砖石砌筑，屋脊饰卷草牡丹花纹，两边立吻兽，样式简洁稳重。门前青石板道向山坡下铺开，道旁一棵桃树，寓意着福寿延绵。进门向前再左转，就是院门（图3-47）。

外门与院门为整个院落空间序列的开端，两扇门层层相套，围合出大夫第院落的入口空间。院外高墙成障，保证了整个院落的私密性和独立性，高耸的墙壁，给人以幽静感和神秘感，使人对院内空间产生猜测和遐想。入口空间突出，形成这个视觉上封闭的空间唯一的开口，内外空间交流的枢纽。狭窄的院门对入口空间进行收缩。外门与院门次序的叠加形成了收缩—开放—收缩的院落秩序开端（图3-48）。

院门为砖木结构，双坡硬山的屋顶，屋脊头雕有精致的花纹，两边立着雕刻细腻的吻兽狻猊。满头螺髻，颈系銮铃，张口吐舌，避邪镇宅。大门正对屋脊下方。檐下额枋前挂有匾额，曾是那块与师家显赫相连的"大夫第"匾，现在已换成"耕读传家"。

院门保存十分完好，雕刻没有大的破损。门楼墀头上可以看到明显的凸出的花瓣枝叶，门枕石简洁大方，刻有浅淡的花纹。精致的铺首为沉重的大门增添了一丝灵动之气。檐桁下承三踩单翘品字形斗栱，额枋下施浅浮雕如意云纹牡丹藤蔓，极富吉祥之意。门扇左右各立一个精雕石狮镇宅。石狮线条切实有力，雕刻鲜活形象，虽经岁月侵蚀，依旧可以窥到旧时的威严凶猛。门前有朱色木檐柱左右而立，柱础带浅雕。

站在附近看入口院门，门后有门，在视觉上形成空间递进和转折感，庭院深深，让人不禁想要深入其中。

(2) 空间序列的过渡——走廊

到了院门口，便可以看到门后院墙和厢房形成的走廊，以及正对面走廊尽头的影壁。院门在两级石阶上，高高的漆红门槛，狭窄的走廊，以及雕刻简单大方的影壁，形成十分丰富的视觉效果，增加了空间纵深感，让人对这个宅院产生一种油然的崇敬感。

院门与影壁之间的走廊侧墙高大，更显空间狭窄。进入走廊，空间由院门起被压缩，气氛凝聚，形成院外和院内的过渡。由西厢和倒座的墙壁围合，长度比约为1：2，狭窄却不狭长，倒座侧墙的影壁形成交通流线的转折，遇影壁右转，骤见一片豁然开朗，便是"大夫第"主院。走廊的转角形成视觉上的鲜明对比，完成了由狭窄的收缩空间向开阔的院落的转折，空间气氛迅速活跃起来，愈显得主院开敞明亮。

(3) 空间序列的中心

"大夫第"只有一进院，是主要日常生活空间和交通空间，格局方正开阔。长方石砖倾斜排布，整洁明朗。接近1：1的院落尺度使整个院子十分宽敞，给人一种怡人的空间尺度感。左右两厢稳重古朴，倒座精美文雅，都是一层建筑，在视觉上突出了二层正房的窑洞（图3-49）。正房立于方正井然的院子里，俯视两厢倒座，高大气派，却不失华丽。单坡檐廊花纹精致，多处雕

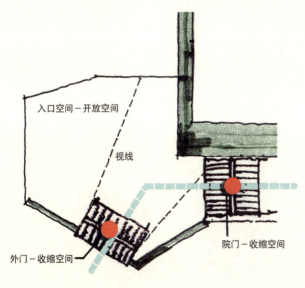

图3-48 "大夫第"入口分析

图3-49 "大夫第"院落

刻题字显示着师鸣凤书香门第、耕读传家的风气。

正房为两层窑洞，一层靠崖建造，二层为独立式锢窑，每层窑洞各三间，宽敞明亮，正房上下两层中间的堂屋顶部为整面扇形的格窗，左右偏房顶部则是砖石中嵌一个大的方窗，木构窗格朴素淡雅，图案形式古朴，花样繁多。

岁月侵蚀，在动荡年代，正房一层的单坡檐廊被尽数毁去，二层仍保存完好。在院中望去，可以看到檐下斗栱的龙头耍头，龙嘴微张，如吞云吐雾，稳重威严。檐廊由木构件依附着窑洞正立面架起，古朴的鼓状柱础托着四根朱色木柱架在二层的护栏上，卷草如意相互缠绕，淡雅朴素，柱子上方雀替一条草龙腾舞于云中，龙首与尾相接，口吞云浪，身姿如虹，与水纹交织浑然一体，下方以如意纹相托，细致入微，栩栩如生。雀替上方斑驳的青色彩画，牡丹绽放，卷草缠绕，依稀可以窥见当年风采（图3-50）。

左右厢房为可上人平顶，以十字纹女儿墙作护栏，纹饰简单（图3-51）。倒座是待客之堂，砖木结构双坡硬山屋顶，屋脊玄青的吻兽在阳光下熠熠生辉，龙首微抬，双目圆嗔、眼若铜铃，龙口大开，仰天而啸，气势如虹，吻兽纹理雕刻细致，须发清晰，身上龙鳞在须纹的引导下与屋脊的枝蔓相接，牡丹枝蔓缠绕，叶脉清晰。墀头万字回纹围绕，一只牡丹亭亭立其中，顶上两砖架起两幅精雕，猴子摘桃，喜鹊闹梅。檐下两斗栱间方正水纹托彩色龙头出挑，龙口含珠，怒目圆睁，如意纹作须，惟妙惟肖。下接三块四字大匾，每块匾下为一幅四扇式木隔扇门，居中双开扇，正门每扇以卷草莲花图纹为上下窗棂，回字纹环寿字图案居中分隔成直棂格栅，格栅间以花瓣相接，精致华美却不失文雅大气。两侧门上装书条式锢圈窗，样式古朴。中间格栅上架精致的门帘架。雕花与格栅使朴素的砖木结构倒座多了一丝富丽之感（图3-52）。

图3-50 "大夫第"二层檐廊

图3-51 "大夫第"院落厢房

图3-52 "大夫第"倒座

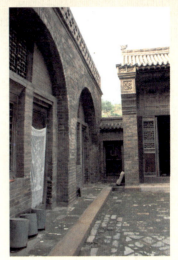
图3-53 "大夫第"院落偏门

倒座东南与东厢间夹一处偏门，朴实低小，双坡顶暗色门扇，很不惹眼（图3-53）。

正房和东厢之间隐藏着一间暗门。暗门坐于门前台基之上，若不仔细观察实不易发现。暗门通向正房二层偏门外，与"巩固"院偏门相遇，安全隐蔽。"大夫第"院落虽方正格局一览无余，但暗门却设计十分隐密。沿通道出来，是一条狭长石道和一扇小门，推门而入，便是"大夫第"的二层。迎面而来是木质照壁，将门严实地掩在身后。二层窑洞前是一条一米见宽的檐廊，站在廊中，可将"大夫第"整个院落尽收眼底，临廊远眺，山峦叠嶂，远黛如眉，对山的商铺也尽在眼中，视野极佳。

窑洞建筑在构型上相对木构建筑要简单质朴，因此师家沟匠人将大量心血赋予门窗、彩绘、雕刻上，在稳重朴实的建筑中，体现出细节的精致艳丽。此外，正房二层的扶手也别具一格，十一个栅格以中间为轴，左右对称，以简单的砖石排列组合，形成六种不同图案，朴实之中别有韵味，栅格之间以竖匾相隔，精致的小楷镶框，彰显着优雅的书卷气息（图3-54）。

师家沟古村多匾额，字体浑然大气却不失清雅，含义多不相同，体现了一家的秉性家风。"大夫第"作为师家名士师鸣凤的住所，自有一股贤士儒雅谦逊、严谨自律的风气在其中。院中每间房屋门上都有题匾，正房及两厢各屋题两字匾额。匾额古朴素雅，无繁杂花饰，字体敦厚有力，内容纯朴，以教导后人心性。

3."竹苞"院

图3-54 "大夫第"二层护栏砖雕

"竹苞"院在"巩固"院落的东北方向,紧贴"巩固"院祖宅东厢房,与祖宅位于同一等高线上,共有三进院落。院落面积不大,第一进院狭长作磨坊马厩之用,第二进院方正,开敞明亮,作主要居住用所,第三进院隐蔽狭小,只有一面正房。整个院子一面临山,第三进院藏匿于山中,在院墙和山势的遮掩下,极不易被发现(图3-55)。

"竹苞"院得名于外院门口那块大石匾。一道竹节线枋子作围,缠绕"竹苞"二字,敦实大气。村中也有人叫它仓库院。清末师家生意遍布五省十八县,字号天下,生意兴隆,钱财满仓,不免有马贼盗匪注意。道光三十年(1850年),师家第二门第六代师炳成官场得意,生意兴隆,修建该院并加盖银库,单进二层,布局简单方正。并雇佣陕西省武功县武艺极佳的保镖来此守护钱财。并在院中布设地道暗门,与祖宅相通。倘若出事,保镖可以在第一时间集合到银库,家人亦可以在暗道中集合避难,安全隐蔽。

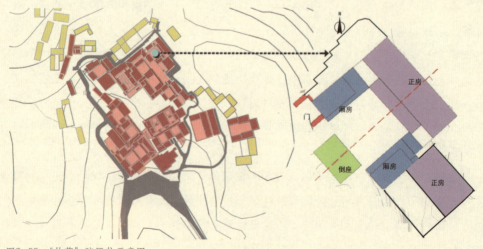

图3-55 "竹苞"院区位示意图

"竹苞"院第二进院落是村中少见的三面都是二层窑洞的院落。二层正房东面向外开门，门上书"南山寿"三字匾额，院门外前行还有一道矮门，四周不围合，仅作引导。经岁月风霜，"竹苞"院二层左右厢房却已经坍塌，院内住户也早已搬离，彼时的繁华，在岁月的洗涤中，渐渐退去。

1) 整体布局

"竹苞"院主轴线与"巩固"院轴线垂直。正房居东北朝西南，使得正房与厢房都可取得较好的光照（图3-56、图3-57、图3-58）。

外院门开在西北侧，进门左侧为第一进院落，只作磨坊马厩用，院落狭长，外墙高大，沿村中石板小路作曲折蜿蜒状，内墙为主院外轮廓。主院是方正简洁的四合院，院落长宽比是1:1，三面双层窑洞。院中原有十四间窑洞，其中二层左右厢房现已坍塌。

"竹苞"院内第三进小院只有三间正窑，院子东侧开有偏门，通向村子。偏门较地面下沉，十分隐蔽。第三进院与主院通过暗门相连，独立于主要交通之外，具有很强的私密性（图3-59）。

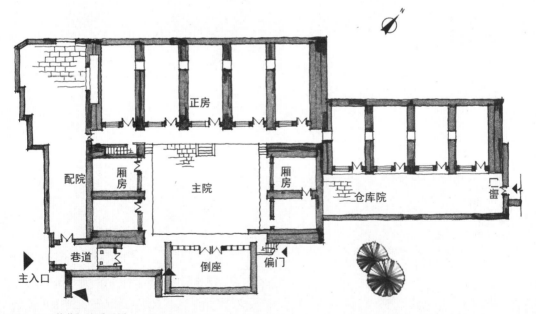

图3-56 "竹苞"院平面图

图3-57 "竹苞"院厢房剖立面图

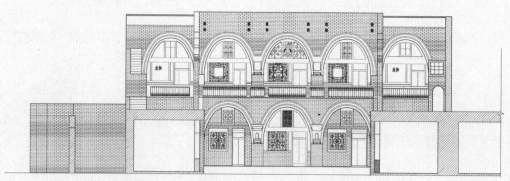

图3-58 "竹苞"院正房剖立面图

2) 空间序列分析

"竹苞"院有三进院,院落空间较为特别(图3-60)。

(1) 空间序列的开端——入口

"竹苞"院的入口在墙体上开口做砖券拱门(图3-61)。大门开向师家沟的青石板路,门前空间局促,两侧墙体高近两层,增加了空间竖向深度,凸显了院落的幽静和神秘,亦给人一种守备森严的感觉(图3-62)。这与"竹苞"院银库的功能特点有很大的联系。相对于墙体显得窄小的门,成为院内外联系交流的点空间,维持"竹苞"院内部空间秩序和约束力。门上砌着整齐的金钱漏窗女儿墙,墙下一道砖沿,沿下两道竹节线枋子作

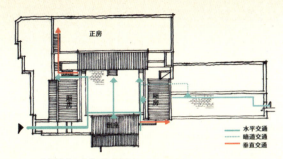

图3-59 "竹苞"院交通分析

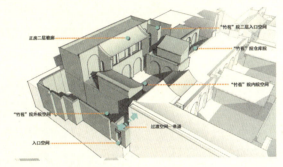

图3-60 "竹苞"院空间

图3-61 "竹苞"院入口院门

框,框内精雕细刻,书"竹苞"二字,字体敦厚。拱券门框上精雕草纹,现已模糊,门虽简单,却十分精致。

进门一条巷道,巷道横纵比约为1:3,狭而不深,在高墙的围合下,却有着很强烈的私密性。墙体很高,使巷道更显幽深。巷道与院门洞形成的小空间,成为由外入内的缓冲空间,联系着"竹苞"院内外两个院落。

(2) 空间序列的过渡——外院

巷道入口左两阶石板上的一道石券矮门,便是"竹苞"院外院院门。外院空旷,两边是高高的院墙,墙上铜钱鱼鳞纹漏窗相间,院内有六角古井,井边一方古磨,磨上纹理盘旋。院中马厩皆已坍塌,正对院门有两道拱门,门已被堵,沿

图3-62 "竹苞"院门前巷道

漏窗看,似曾有两间窑洞,已被封严。东墙上可以看到二层西厢六角木质窗洞,墙最里面设一道石券拱门,门上窗格井然,为主院西厢窑洞后门,连通主院和外院(图3-63)。

外院独立设门,通过偏门和巷道与主院联系,空间开放,形成"竹苞"院的序章,一个由外到内的过渡空间。

(3) 空间序列的核心——主院

"竹苞"院主院为单进四合院,空间集中,是日常生活的主要场所,整个院落的中心。

院门设在巷道尽头,与"竹苞"院大门共同围合成一个完整的联系空间,从院外看门内套门,透视效果强烈,极大地增加了空间纵深感。空间在被入口收缩之后通过下一个收缩节点空间——院门进入主院(图3-64)。

院门双坡硬山顶。屋脊左右立鱼尾鸱吻,中间牡丹卷草。屋檐已有形变,仍不掩院门的精致。檐下桁檩彩绘青莲,檩下三攒斗栱。平身科一斗三升五踩,正心瓜栱和万栱皆

图3-63 "竹苞"院外院

图3-64 "竹苞"院内院院门

雕漆青如意云纹，昂翘都施浅雕，出踩耍头为五架龙头，张口含珠瞪目，气势非凡。左右柱头科皆一半没入墙里，一斗三升，皆无出踩，正心栱上祥云彩雕，三攒斗栱之间镂雕仙云缭绕，额枋上施兰菊彩绘，至今皆已斑驳。枋下雀替挂落雕刻已毁坏大半，依稀可见牡丹卷草，纹样精致。两侧墀头各站一童子弄莲，墀头下钉两个朱红菊花铜钉，钉下对称施两个麒麟踩云浮雕，两边竹节作框，框下卷草花纹，雕刻精美恢宏。门枕石方正，各浅雕四幅浮雕，周边绕回字纹外框，寓意涵盖福禄寿节，细致却不显奢华。门枕石上原站两只小狮子镇宅，现已被毁。门板方正庄严，四角施以云纹，门上一扇方正大匾，上书"松茂"二字，与外门同为院主人所写，刚劲有力，端庄敦厚。

进门正对的是倒座侧墙，左转进入主院，豁然开朗。主院空间为四合院，采用三明两暗正窑、四厢窑的形式。院落面积较小，结构方正整齐。长方形石砖铺地，三面双层窑使得院落竖向空间尺度增大，院落围合感更加强烈，加之"竹苞"院主院和配院并列的形式特点，使得院落具有更强的向心性。

院子正中一道斜铺方砖路直达正房台基。石阶左右各砌一道矮墙，正房居于三阶台基之上，一层三间窑洞，已被现居者改去门窗，只能看到形式与其他院落相仿，正堂门上一扇金钱纹槅窗，简单大方，左右两间则为书条式混梅花纹槅窗，木质门扇简单朴实（图3-65）。三间明窑之间设两个壁龛，龛上夸张的吻兽屋脊，外出挑檐，檐下两攒浮云雕饰斗栱，龙首耍头，栱间一块扇形匾额，龛内已无神像，基座上四格对称雕梅花，下托如意

图3-65 "竹苞"院正房

云纹浮雕柱础，细致精美（图3-66）。

三间明窑左右各有一道一米宽的石券小拱门，门内各一间暗窑。西侧拱门通过暗门与外院相接。一层明窑上一道书条式石扶栏，栏面已毁。二层与一层对称，已久不居人，外缀单坡檐廊已毁。正堂门上槅窗相对华丽，梅花纹镶如意色垫，正中两幅仙云缭绕缀于格栅之间。三间明窑门上皆有题字，正中题"竹馨"，东房题"兰芳"，西房匾额已毁去。整个"竹苞"院题字以"梅兰竹"为主，显出院中书香之气。三间明窑两侧各一堵檐廊侧墙，墀头也以松竹为主，墙上一道石券小门，门后为正房的两间侧窑。侧墙隔开正窑与侧窑和两厢二层组成的院落。院落虽小，但在竖向空间上却有很多巧妙布局，上下两层正房共十间窑洞。正房侧窑与两

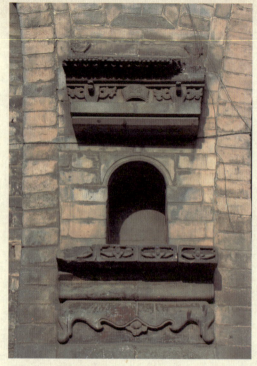

图3-66 "竹苞"院壁龛

厢二层围合出一个小的院落，院落东侧以墙围合一个一米见方的空间，东侧开启一扇大石券拱门，门上铜钱漏窗。南向开一扇小拱门（图3-67）。进入大门正对便是二层院落的外门。门上高高的院墙。院门与村东北处的高地相通，门上略有出檐，素面砖砌的拱门洞，笨重敦厚。周边并没有围合的院墙，矮门只有引导作用。透过矮门向内，就看到真正的院门，门中有门，也是师家沟常见的做法，具有极好的空间透视效果。门洞嵌在院墙上，十分素雅，只有两扇木色的门扉，铺首亦无雕琢。门上略出挑檐，以四排砖枋阶梯状错落形成，檐下题石匾，以万字纹连环回绕形成外框，里面用砖石作格，阴刻"南山寿"三字，字体秀气敦厚，与村中其他两块"东山气"，"北海风"匾额相映衬。

左右两厢对称，均为两开间。东厢靠山，一层为靠崖窑，西厢则为独立式锢窑。西厢一层为两间窑洞，东厢为一堂两间式窑洞，门窗皆为龟背锦辋圈窗，纹理略有区别。窑上金钱纹漏窗作二层扶栏。二层两厢已坍塌，徒留两侧墙壁，断井残垣，依稀可以辨出两边墀头分别雕梅花喜鹊、仙人苍松。从残墙上可以看出二层为单坡屋顶，应为砖木结构厢

图3-67 "竹苞"院二层外门

房。东厢房与倒座相接处有一道独立照壁。照壁为双坡硬山顶,屋顶与东厢墙相接,屋脊上菊花牡丹,卷草藤蔓。壁心素作硬心,半道六边砖纹嵌合外凸方形砖,四角做蝶形水浪纹,外圈竹节线枋子。壁心很小。下面竹节线枋框六格浮雕,浮雕已模糊不清,壁座以水浪纹拟鼎座,中间镶半朵向日葵花。照壁后掩着一道暗门,门后一道石梯直上祖宅二层的平台,与祖宅、"流芳"院二层皆可相通。

倒座是砖木结构双坡硬山顶,台基高约一阶。面宽三间,正间为一榀四扇式木槅扇门,两侧四扇槅窗。屋顶鸱吻保存较为完整,张口瞪目,仰天长啸,甚是形象。屋脊同其他倒座相似,为牡丹卷草雕花,花纹流畅,无破损。左右无博风,只在砖石上作浅雕,龙首细纹,现今已模糊不清。滴水上雕椒图面首,闭唇瞪目,十分可爱。墀头卷草如意纹作框,加一道竹节线枋子,里面是马踏祥云,矫健驰骋,下雕水浪纹基座。檐下桁檩额枋施莲花兰菊彩绘,彩绘也以青白漆色为主,枋上七攒斗栱,柱头科挑尖梁头施宽厚的水浪如意纹,约四斗口,平身科栱板两翼全施浅雕,卷草云纹,托正中一个龙首耍头,耍头较小,全漆青。枋下直接与匾额相连。正中门上四字大匾"斋庄中正",字体周正大气,豁达浑然。匾周围以两道线枋作框,中间短线分格。两侧窗上只分作三格,格上素白,不作装饰。门扇槅窗龟背锦镶梅花纹,两侧窗扇对称施书条式混梅花纹。门两侧两道半嵌入墙内的明柱,鼓状柱础,上下雕方正的回字纹,中间做植物卷草的浅雕。倒座为客厅之用,故整体装饰简单,不做大规模浮雕,庄严素雅,自有一种清正之气(图3-68)。

(4)空间序列的尾声——配院

配院通过"竹苞"院东厢房与主院连通。院落两面环山,西接"竹苞"主院东厢房,南靠"巩固"院祖宅外院厢房,主轴线与主院平行,只有三间正窑,装饰简单,门窗皆以最简洁的棋式,中间一间有门无窗,两边有窗无门,是作保镖居住之用。院东侧有一道台阶,沿台阶而上为一道下沉的偏门,与村东北高地相通。偏门旁边有一扇小拱门,门扉开在与山体相接处,为院落地道入口(图3-69)。

图3-68 "竹苞"院主院倒座

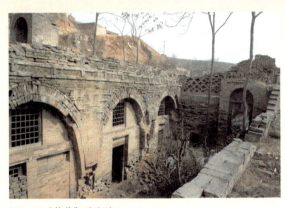

图3-69 "竹苞"院配院

院落附属于主院东侧,形式自由简单,地处偏僻,不易被发现,且有地道相连,不做华丽装饰,十分实用,方便保镖尽快赶入银库护银。

4. "流芳"院

"流芳"院紧接祖宅倒座,主轴线也与祖宅垂直,有两进院落,西南接着师家沟福地,西南角延伸出一个矮墙走廊作为院落入口,使得原本方正的院落多出一角。矮墙应为后人复建所加。院内除正房外均为砖木结构建筑。"流芳"院侧院位于主院东南侧,两院正房并排而置。侧院分两进,以月亮门相接。外院形状不规则,内院长方形,与主院通过一扇侧门相通(图3-70)。

"流芳"院为第四门师奋云后代师五常所住,传说师五常小有才学,善讲书教读,其子师彦成才华横溢,官至六品顶戴,在乡拔贡后入京候考为王爷暗杀。师五常一怒火烧"流芳"院二层书房,扬言师家四门之后再不读书。现今"流芳"院只有正房一层还保存

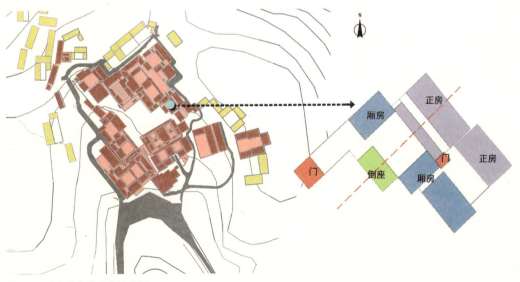

图3-70 "流芳"院区位示意图

|山|西|古|村|镇|系|列|丛|书|

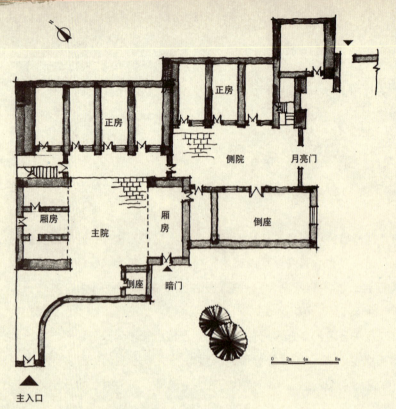

较为完好，两厢及二层均已坍塌。"流芳"院侧院也多处坍塌，仅余部分窑洞。师家沟村窑洞建筑，大部分经精雕细琢，虽不及木构架灵活多变，但华丽恢宏，十分精美，而"流芳"院中多木构建筑，正房雕饰华美大气，两厢倒座亦应精致，只是如今毁坏严重，让人只得在脑海中构想曾经的恢弘。

图3-71 "流芳"院平面图

1) 整体布局

"流芳"院两进大院，并列而置。主院院门居西南角，院中正房两层，面宽三间，下层为外缀单坡檐廊靠崖窑，上层为单坡硬山顶砖木结构建筑。两厢均为两开间，东厢为独立式锢窑，西厢为双坡硬山顶砖木结构。倒座为双坡硬山，位于入口廊道东侧。现在的倒座为后人新建，不复原来模样（图3-71）。

正房的单坡檐廊两侧墙各开一暗门，西侧与二层相接，东侧与"流芳"院侧院相通。侧院外院正房为三开间靠崖窑，东房与中间两间隔一堵高墙。外院与内院相接处为一块高地边缘，院落形状呈斜三角形。内院正房为三开间靠崖窑，倒座与正房相对，为面宽三间单坡硬山顶砖木结构。中间小院狭长，两边无厢房。

"流芳"院两进院落之间的交通以暗道、暗门为主，联系较为隐蔽。院落各自对外均有入口（图3-72）。

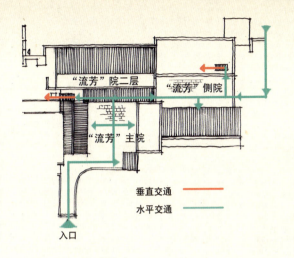

图3-72 "流芳"院交通

2）空间分析

"流芳"院结构较简单，空间联系却有其巧妙独特之处。

(1) 空间序列的开端——入口空间

"流芳"院主院正门位于"巩固"院正门东侧偏北，与"巩固"院正门一样面对师家福地（图3-74）。草丛间一条青石板路铺到正门门口。正门为普通的砖券拱门。入口空间向前突出，是流芳院空间格局的一大特点。狭窄的走廊与内嵌式入口向前接近村中主要交通支路，靠近福地，使得入口空间带有了公共特质。而一面与"巩固"院侧墙相依，被高大的侧墙遮挡，加上高大的院墙，又保证了足够的私密性。

院门上竹节线枋子围着"流芳"二字的匾额。匾额也很素雅，上面砌着整齐的城墙垛。门扇铺首均不加雕琢。整个院门庄重简约。院门正对西厢侧墙。进门之后，是一道微长的走廊，与门相接处有一道很短的高围墙，是"流芳"院原墙，后面是后人乱砖堆砌的矮墙。

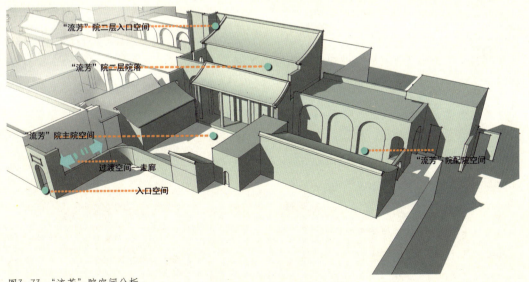

图3-73 "流芳"院空间分析

(2) 空间序列的中心——主院空间

"流芳"院内长方横砖交错铺地，中间一道斜置方砖铺就的路直达正房前的台阶。

主院格局方正，西南角延伸出一条走廊，接主院院门。走廊东边为一开间的窄小倒座。东西两厢均为两开间，现已坍塌。方正的比例使整个院落空间有一种和"大夫第"相似的端庄之气。但因为坍塌严重，院墙的遮挡性不足，倒座已毁，现为后人补建的矮小建筑，院落失去了原有的私密性与宏大的气势。

正房为三间明窑一间暗窑（图3-75）。房前台基高三阶，上架单坡檐廊。檐廊屋脊已损毁大半，与其他建筑相似，亦为卷草牡丹纹，檐下亦有彩绘斑驳。枋上七攒斗栱，平身科正心栱板为如意海浪纹，耍头雕着

图3-74 "流芳"院入口

二斗口的龙头。柱头科栱板两翼雕流畅水纹，中间耍头为四斗口的狻猊。由额素色，柱身穿插枋头挑出，雕作龙头。枋下连续回字纹挂落，鼓状柱础雕花草纹样。正堂门上凸字格中间镶着圆形寿字图案，两边槅窗为步步锦辋圈窗。门上一个两字小匾额，上书"凝照"二字。右边一扇素锦格窗，窗四角饰卷草镂雕，中间上下雕一朵莲花，每个小窗格之间均嵌有花瓣色垫，整扇窗简单却不失华贵。左右两窗对称，门上一扇龟背锦格窗，匾额和门边格窗均有部分损毁。

正房左右两墙各开一扇小门，门上雕一块石匾，匾上饰铜钱漏窗（图3-76）。东边小门通往侧院，石雕外框内书"水秀"二字，与院名"流芳"暗合，描绘出当年侧院流芳泄翠的怡人景色。西侧门匾内书"松风"，从小门进入，但见一道石梯直上二层，尽头一扇漆红小木门，门上落锁，也封去了二层满园春色。松为岁寒三友之一，人云："松风入

图3-75 "流芳"院正房

图3-76 "流芳"院檐廊

图3-77 "流芳"院二层院落

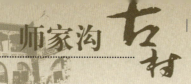

耳，神自清矣。"故松字常用于书阁题名。石梯一侧为西厢侧墙，另一侧是一间暗窑。门上设书条式槅窗，门边棋盘格小窗，门上无匾，装饰简单，图案工整。因前有高墙相掩，侧有门墙遮光，使得暗窑光线昏暗。

因有师五常烧书楼之说，加之"松风"二字常见书阁，故正房二层应为书楼。书楼过门为双坡出檐的拱门，进门便到了书楼。书楼约为三开间，砖木结构单坡硬山屋顶，房前约两米左右的狭长小院。一些砖块焦黑，还残留着烧过的痕迹。

正房二层外院门朝西，与村北巷道相接，进门便是和二层书楼外墙围合的小院，位于祖宅外院东北厢房二层，二门偏南，南侧是通往一层的石阶。进二门是正房二层，三开间，房前一道狭长的走廊。

主院的东西两厢早已塌毁，只留残墙让人猜想着从前的风采。西厢面宽三间，每间约两米宽，双坡硬山顶砖木结构，因房屋塌毁，也可以清晰地看到在正房中间，有一扇暗门与"巩固"院外院相通。东厢三开间，较西厢宽些，平屋顶独立式箍窑。塌毁的墙面亦暴露出与侧院相通的暗门。暗门共两扇，均为砖券拱门，一扇在南，与外界相通，一扇在东，与侧院相接（图3-77）。

"流芳"院坍塌严重，现在的"流芳"院并无倒座。有一间一开间的单坡小屋与东厢紧接，在东侧开门。

(3) 空间序列的续写——侧院空间

"流芳"院侧院与主院并列，位于主院东侧。侧院较为低矮，院门隐蔽，被主院遮掩，略有后花园的感觉（图3-78）。和主院形成一明一暗的对比。

现在的"流芳"院的侧院已难辨从前的样貌，除窑洞之外的大部分建筑已塌陷，只留下残垣断景，浅草丛生。侧院院门向北开，方形门洞，进门为侧院的外院，门右一间南向小箍窑，宽不过两米，开一扇小方门，窑洞与院西墙相接，墙上一大一小两道砖券拱门，内为堆放杂物之所。院南一堵半围合砖墙，与西墙留一条小道。沿小路穿过南墙，便看到西墙上一道月洞门。月洞门在师家沟仅有两处，另一处在"东山气"院落。月洞门后仍是内院，内院整体狭长，北侧三开间靠崖窑，南侧倒座为砖木结构单坡硬山顶，与正房相对，两门两窗，屋顶已塌毁，可见西门是一条窄通廊，与"流芳"主院相通，东门为一门两窗的三开间大屋入口。院落没有东西厢房，西墙是由主院东厢的后墙和正房的东墙构成，主院东厢后墙部分设拱门，与东厢房相通，方便仆人们往来，正房东墙亦设拱门，使侧院与主院走廊相通。门上一道石匾，字迹已不能辨。

正房是侧院内唯一保存较为完整的建筑，三间靠崖箍窑，雕饰简单，书条式格窗，朱色门扉，门枕石方正，窑上铜钱纹漏窗围栏。东屋靠近月洞门处另辟一道宽约八十公分的小拱门洞，高出地面一米有余，进门左转，一道石阶直通房顶。屋顶与"巩固"院落二层相接。缓步踏上，自顶处向下观望，大半个村落收于眼底，有"一览众山小"的开阔。"流芳"院侧院中设月洞门框景，小有园林风味，但现今塌毁严重。

"流芳"院，浅草流翠，闲花沁芳，名字儒雅，院子虽是简单，却多有曲折，颇有中国古典园林风味。现在虽已荒废，野草丛生，满目疮痍，依旧能从院落里读出故主人的闲情雅致、书香卷味。

图3-78 "流芳"院侧院

5. "成均伟望"院落群

1) 院落群概况

"成均伟望"院落群(图3-79)位于师家沟村环线内最南端(图3-80),西南侧临着村落环线,东北侧为村落内干道,北侧为"瑞气凝"院落群。该院处于村落门户位置,颇具气势,是师家沟古村内规模最为宏大的院落,布局讲究,装饰精美。

"成均伟望"院落群在清朝末期由师法泽开始兴建,具体始建年月无法考证,由于规模较大,建造过程持续多年,于师家第六辈传人师克昌于咸丰七年(1857年)建成。由于建造年代相对较晚,并且在近年曾进行了大规模的修复,"成均伟望"院落群组内的建筑质量相对较高。

"成均伟望"院落群组共三层四进院落,由工房院和三进主院组成。主院三进院落依靠地势而就,层层叠叠,楼上起楼,甚是壮观,下层屋顶即为上层院落,空间极为丰富。

外宅门内第一进院落为工房院,由此可分别进入主院的一、二层院落,并可以穿过二

图3-79 "成均伟望"院落全貌

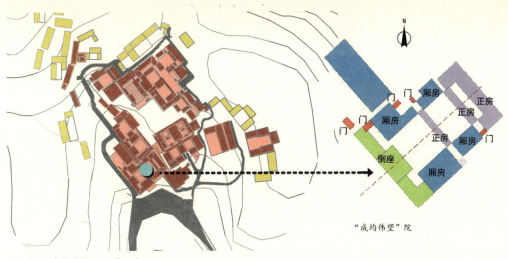

图3-80 "成均伟望"院落区位图

层院落进入三层的"瑞雪"院。主院三层共分为两家,第一层为一户,通过垂花门"成均伟望"出入,二三层为另一户,经过工房院的坡道上到二层后通过垂花门"观国光"进出,并以之为该院主要出入口,除此之外还在二三层分别有通往外部街巷的出入口。

"成均伟望"院落群组曾随着师氏家族的发展几经变迁,与师家的兴衰紧密联系,见证了师家由兴到衰的整个过程。师氏衰落后,师氏后人贪图享乐不思进取,恣意挥霍先辈留下的财富,最终财产乃至家眷、地产、房产等都被变卖以换取烟土钱。据说在民国期间,主院的二三层以及工房院都被先后卖与他人,有的院落甚至只卖得一斗黑豆。

2) 整体布局

"成均伟望"院落群组依山体而建,很好地利用了地形,与当地的自然地貌和谐统一。院落群组为东北—西南走向,主要院落以轴线对称。整组院落沿轴线走向呈台阶状上升形成三层院落(图3-81、

图3-81 "成均伟望"院落群模型

山｜西｜古｜村｜镇｜系｜列｜丛｜书

师家沟 古村

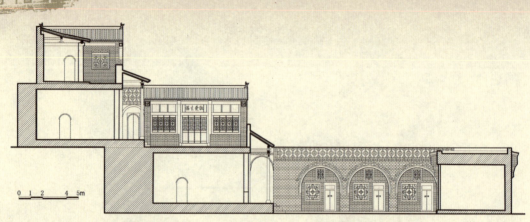

图3-82 "成均伟望"院落群剖面测绘图

图3-82），下层院落的窑洞顶部自然形成上层院落的庭院，形成了规格严整的院落空间，使得山地中极为珍贵的每处平地都得到最大效率的利用，并形成丰富的空间层次及建筑效果。西南面为院落群组的正面，由此方向观察，层层叠叠，甚为壮观。

一至三层，每层院落逐渐收缩，空间的围合感不断变化。通过精妙的建筑布局，入口巷道以及楼梯坡道等细部的处理使得院内空间极为丰富，并且突出了主院空间。一层院落四面均为房屋，院落长宽比为1：1，而其三面的建筑高度与院落的宽度之比大约为1：4，空间围合但不封闭；二层院落略有收缩，长宽比大致为3：2，建筑高度在四米左右，其西南侧以矮墙围合，从而形成半开放空间；三层院落原为绣楼，庭院最为狭窄，房屋高度与院落的宽度之比几乎达到2：1，西南侧同样以一人高的矮墙围合，空间则显得比较封闭。

院落的交通组织（图3-83）非常精妙，除了内部之间的交通连接外，每层院落还都有单独的出入口与外部街巷连通。"成均伟望"院落群组内共有大小门洞近十个，这些门洞共分为三级，单独院落内的门洞属于一级，一般只有洞而无门，主要起划分空间的作用，形成

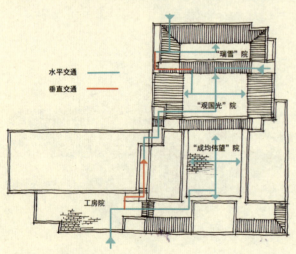

图3-83 "成均伟望"院落群组交通分析

了很多过渡的灰空间如入口巷道、天井等；每个单独的院落也还会有自己的宅门或者门洞，如"观国光"与"成均伟望"；还有每层院落与外部街巷连通的宅门。这些门洞共同形成了院落内部的交通体系并对空间进行有效的划分，同时加强空间序列，增强层次感。

3) 空间分析
(1) 院落群空间序列的开端——工房院

图3-84 "成均伟望"工房院内现状

工房院(图3-84)为"成均伟望"院落群的第一进院落，经过此院可分别进入主院的一二层，因此可算得上是"成均伟望"院落群的开端；并且作为辅助院落，除了组织交通的作用外，工房院也起到了从外部街巷的公共空间到主院内私密空间的过渡作用。

水平地面比主院低0.80米，不仅满足了主院的排水需要，也表明了与主院的等级。院内共有一排四孔窑洞，靠近主院的一孔窑洞由于紧贴坡道没有设门，与旁边的窑洞共用一门，形成一孔套窑。由于工房院的等级较低，因此没有多少装饰，院内建筑朴实无华。

工房院的东南侧即为主院的垂花门，并在窑洞的东南端有通往上层院落的坡道。从一层的工房院进入上层院落要经过这段夹在工房院窑洞与"成均伟望"厢房之间的"L"型坡道，在行进中有一座砖砌拱券，坡道尽头的东南侧为观国光院外部巷道入口，西北侧为工房院窑洞屋顶形成的宽阔场地，可进行多种活动。

(2) 主院

"成均伟望"主院依山而建，是师家沟村中垂直高度最低的院落，四合院形制，建造极为讲究。共有窑洞十三孔，除了正房为五间靠崖窑外，其余三面建筑皆为箍窑，多饰以精致的砖木雕刻。院落以东北—西南轴线对称，空间宽敞开阔，通风采光良好，是师家沟村内的典型院落。

① 序列的开端—垂花门

"成均伟望"垂花门(图3-85)门上悬有匾额"成均伟望"，意指师氏第六辈"成"字辈族人皆成就伟望事业出人头地。

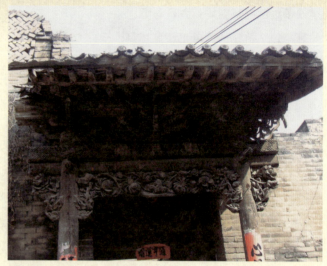

图3-85 "成均伟望"垂花门　　图3-86 "成均伟望"垂花门细部一

图3-87 "成均伟望"垂花门细部二　　图3-88 "成均伟望"一层院落巷道

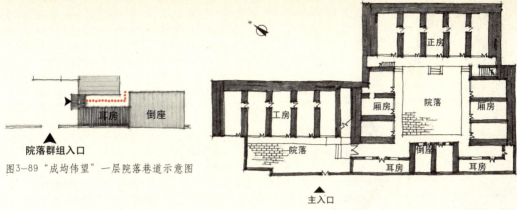

图3-89 "成均伟望"一层院落巷道示意图

图3-90 主院首层平面图

垂花门以精美木雕装饰，檐下（图3-86）的三攒斗栱皆只取朝外示人的几踩，装饰性较强，并且每攒斗栱因位置不同而采取不同的规格制式，既符合力学特征，也产生了多样的变化。中间一攒最是错综繁妙，正面七踩龙头耍头大小不一，各自镇守一方。镂空的植物纹样填充于各斗栱之间，连续又不失通透。额枋部位以连续的万字符为底，其上雕刻从左至右依次为卷轴、书本、香炉、书桌以及竹简，表达出院主人的追求以及对后世的期盼。垂花门最为精致的部分莫过于雀替（图3-87），连续的浮雕雕刻细致，内容丰富，牡丹花丛中间有骑行者一个，左侧有小狮子一只，右侧花丛中隐有小狮子两只，喜鹊九只，嬉闹其中，寓意大富大贵。雀替两端下端有伸出的草龙作为收尾，雕刻手法细致入微，生动形象。门口两尊抱鼓石上的小狮子镇守宅门，门槛之内便是"成均伟望"院的一层主院。

②序列的过渡——入口巷道

"成均伟望"主院布局考究，入口处由倒座及其耳房与厢房形成了一个自然的小巷道（图3-88、图3-89），整个院落的风貌仍隐于墙后。巷道东南端为一座镶嵌在倒座房侧墙上的照壁，西南侧为一间储藏用房，为砖木结构单坡屋顶。小巷道的尽头北侧为一座依附于倒座与厢房的拱门，至此才将这个院落风貌收于眼中，但见层层楼阁相叠，好不气派。狭窄的入口巷道完成空间的收缩与过渡，增强了空间的纵深感，并为内院宽阔的空间感受做铺垫。

③序列的中心——内院

主院（图3-90、图3-91）四面均以建筑围合，东北侧为正房窑洞，西南侧为倒座，两栋箍窑厢房列于另外两侧。不同等级的房屋采用不同程度的装饰，正房雕饰精美，两侧厢房

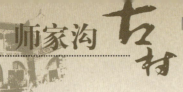

图3-91 "成均伟望"主院内现状

则比较朴素。

主院正房（图3-92、图3-93）比院落地面高出0.80米左右，是等级的象征，可由中间或两侧的台阶拾级而上。正房为五孔靠崖窑，三明两暗，屋顶为二层院落，正中三间外有单坡檐廊遮蔽，檐廊为四柱三间，以精美的木雕装饰，并饰有彩画。正房最中间的三孔窑洞是家庭活动的中心，最中一间的房门上嵌有匾额"元吉"，是主人办公、接待宾客以及供奉祖先的地方，其门窗装饰相对其他窑洞更为精致。两边各有壁龛一个，以供奉神位。

与普通的砖木建筑不同，窑洞自身没有能够遮风避雨的出檐，室内外空间因缺少过渡而直接相撞，因而在一些规格较高的窑洞前往往会有木构的单坡檐廊（图3-94）以进行空间的过渡。"成均伟望"院落和二层的"观国光"院落正房前都有近两米宽的单坡檐廊（图3-95、图3-96），檐下的空间成为一个重要的生活场所，就餐会客等活动也都可以在此发生。

两侧厢房（图3-97）均为三孔箍窑，屋顶为可上人平屋顶，在靠近正房一端各有通向屋顶的楼梯一个。屋顶女儿墙为砖砌十字花格，是较为常见而颇具特色的装饰，靠着工匠的

图3-92 "成均伟望"院落正房全貌

图3-93 "成均伟望"院落正房

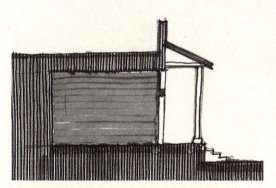
图3-94 窑洞单坡檐廊剖面示意

巧手,方正的砖石经过精心的排布颇具韵律。

倒座(图3-98)也为箍窑,原为单坡,后被改造为平顶。正面看不到窑洞的洞口形式,只见完全对称排布的与砖木建筑相似的门窗,槅窗的装饰非常精美,其门窗顶部为弧线,似乎是在暗示这幢房屋的结构。屋脊两端各一鸱吻装

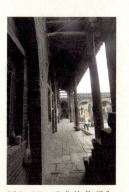
图3-95 "成均伟望"院檐廊

图3-96 "观国光"院檐廊

图3-97 "成均伟望"院落厢房

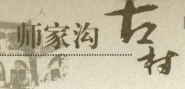

山｜西｜古｜村｜镇｜系｜列｜丛｜书

图3-98 "成均伟望"院落倒座

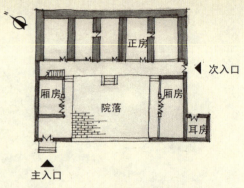

图3-99 "观国光"院落平面示意图

图3-100 "观国光"院入口外巷道平面示意图

图3-101 "观国光"院落入口拱门

图3-102 "观国光"垂花门

饰。房屋前后两面各有一对墀头，装饰内容大致相同，皆为人偶。倒座两边与厢房相对的地方各有一砖券拱门，北侧为入口巷道，南侧为一个小天井，在南侧紧挨倒座山墙有一砖构楼梯通往倒座的屋顶。

庭院约为13米见方，以斜纹方砖铺垫，院落轴线则稍加区分以强调空间序列。院内并不植树，仅作少量盆栽。这个方正的庭院空间是家族生活的中心，家庭活动多在此发生，也是"成均伟望"院中最有活力的空间。

(3) "观国光"院

"观国光"院(图3-99)为"成均伟望"院落群的二层院落，利用主院正房屋顶形成院落空间。三面以建筑围合，南侧一面为一人高的矮墙，形成一个"凹"字型的院落布局，院落较为宽敞，三面建筑围合出来的庭院长宽比接近3∶2，空间开放程度较高，通风采光良好,从院内到院外的景观视线效果亦非常好。由于院落地势较高,外来的视线也能被很好地屏蔽,使得院落内部的私密性得到保证。

①序列的开端与过渡——入口

通过一层工房院内的"L"型坡道上至二层,再穿过一座砖拱门后进入另一条"L"型的巷道(图3-100、图3-101),巷道的东北端为一座垂花门(图3-102)"观国光"院入口。这座砖拱垂花门实际上是开在厢房的山墙上,门上覆有一架木构屋架。拱门上有砖质匾额"观国光"。垂花门的装饰不像一层入口处精致华丽,但却有另一番雅致。

垂花门后是一天井,天光从此泻下,东南侧则是一条由厢房让出的过道,过道较宽,长度与厢房进深一致,并覆有屋顶,行进至过道的另一端,整个院落便呈现在眼前。

在这一系列的空间序列中,空间完成了开敞—收缩—再收缩—较开敞—开敞的一系列变化,强调"观国光"内院的中心地位。

②序列的中心——内院

"观国光"院的正房(图3-103)形制与其下层的"成均伟望"院完全一致,高出院落

图3-103 观国光院落正房

图3-104 "观国光"院落偏房

图3-105 "瑞雪"院内现状

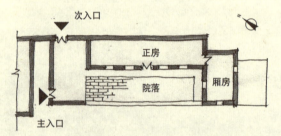

图3-106 "瑞雪"院平面示意图

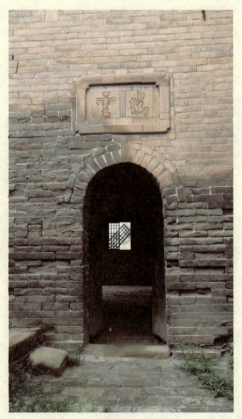

图3-107 "瑞雪"院砖券拱门

0.80米左右,为三明两暗的五孔窑洞,并以正房中间的三孔窑洞为中心,最中间的一孔最为突出,南端两孔窑共用一个出入口。中间三间上覆有单坡檐廊。檐廊为三间六柱式,三个大的开间中夹着两个小开间,饰以精美的雕饰。

　　两侧的厢房(图3-104)均为单坡硬山砖木建筑,北侧厢房让出一间作为院落的入口。厢房门窗相当精美,面宽三间,两侧为槛窗,正中一间做一榀四扇式木槅扇门，门上各悬匾额一幅。正房前的台阶两端是组织院内交通的过道，北侧有通往三层的楼梯，而南侧尽端为与外部街巷连通的砖券拱门。

"观国光"院落中最突出的装饰是每扇门上的匾额，院内共有匾额八块，主入口处有三字匾额"观国光"，正房各房间入口上分别悬有二字匾额"斗才"、"朱轩"、"单厚"、"斋月"，两侧厢房房门上各有四字匾"积爱生福"和"作善降祥"，内容丰富，有着不同的吉祥寓意。

(4)"瑞雪"院

①空间序列的开端与过渡——入口

从"观国光"院内厢房与正房之间的楼梯可通至院落群的三层，楼梯尽端为一条东北—西南走向，不到一米宽的夹道，东南侧有一低矮拱门，这洞拱门并不像下层两间院落都建有垂花门并饰以门匾，而是不加装饰，较为隐蔽，门内即为"成均伟望"院落群组的三层院落——"瑞雪"院（图3-105、图3-106）。院落的入口、形制和装饰表明其作为辅院的地位。

拱门内是一片有顶无墙的空间，在这块空间东北侧有一侧门洞通往外部街巷，两门之间的檐下开间则作为院落内部与外部之间过渡的灰空间。

②空间序列的中心——内院

"瑞雪"院的内部庭院非常狭窄，房屋与院落之间也只做了一个台阶的抬高，两面为屋，一面覆顶，另一面以一人高的矮墙围合成一个半封闭的空间。从屋顶上看整个院落的建筑组合成一个"凹"字型，实际上院落北侧是一个有屋盖遮蔽的过渡空间。正房与南侧的厢房连为一体，只在正房处设一个入口，通过内部的一孔砖拱门洞与厢房连通。其内部为一小间，设有火炕以及灶台，并有通向外界的窗洞，居高临下，视野极好，师家沟周边的自然风光一览无余。窗外有一块平地，似乎曾经建有房屋，但并没有与院落连通的出入口，也并不能连通到街巷。

据说原院落为绣楼，因此比较封闭。建筑并没有多少装饰，砖木的本色使得这房屋透着古朴典雅之气。

院落东北侧的拱门外是村落内部的干道。这一砖券拱门（图3-107）上雕有两字匾额"瑞雪"一幅，朴素雅致。

图3-108 "揣气凝"院落全貌

6. "瑞气凝"院落群组

1）院落群组概况

"瑞气凝"院落群（图3-108）位于村落内环线西侧（图3-109），院落群分组顺着等高线而建，线性的布局相对自由。院落群共三层，首层有两进院落，二层三进，三层仅有一进。每层院落标高基本相同。第二层院落为其主要院落群，院落群大门位于院落群组北侧，然后依次经过两个辅院直至进入主院。建筑以靠崖窑和箍窑为主，兼有少量的砖木建筑，还有窑洞与砖木建筑结合的典范，通过建筑、院落之间的组合形成三个标高的生活平台。

2）整体布局

"瑞气凝"院落群顺着三条等高线布置院落（图3-110），将主要的院落分布在同一条等高线上，建造的难度相应减小，形成一组轴线为西南—东北的平行院落。各层院落之间存在大幅高差，当初的建造者巧妙地通过调整窑洞洞口的方向有效地利用了这些高差，形成多层次的院落组合。如主院的倒座房下层为工房院的窑洞，而倒座房的入口方向与工房院的窑洞洞口方向相反，这样在下层的工房院内看到的是一座两层的窑洞建筑，而在上层院落则看到的是一座一层的砖木结构的建筑。这样的手法极为巧妙，有效地利用地形，两层院落互不干扰，减小建造难度的同时创造出丰富的院落空间。

"瑞气凝"院落群组内各个院落的空间较为自由开放，尤其是下层的一

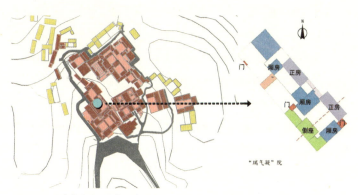

图3-109 "瑞气凝"院落区位图

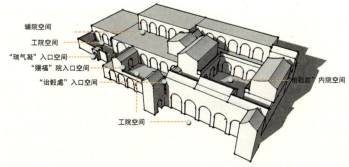

图3-110 "瑞气凝"院落群模型

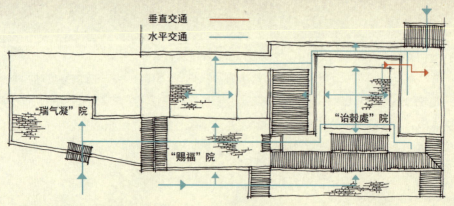

图3-111 "瑞气凝"院落群交通分析图

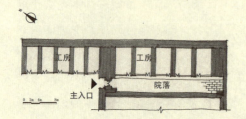

图3-112 "瑞气凝"下层工院平面示意图

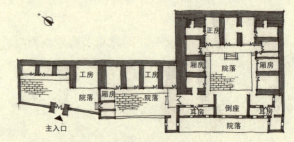

图3-113 "瑞气凝"首层院落平面示意图

组窑洞直接面向村落的街巷。而从外界环境到主院内部则是靠着两进辅院来进行过渡的。

其院落群内的交通流线(图3-111)比较简单,以单一线性的交通线路来连接各个院落。每个标高层的院落都有出入口与外部街巷直接连接,"瑞气凝"主院正房内部的通道可以从村落街巷地下穿过,进入"东山气"院落群。

3) 空间分析

(1) 下层外工院

"瑞气凝"院落群外的一层工房院(图3-114)直接面向西山,没有采用院墙围合,而是通过窑洞前地形的自然高差来限定院落范围,窑洞前的"庭院"在北端直接与村落环线相交。

这组窑洞共有靠崖窑五孔,其中两孔窑洞组成套窑。建造中充分利用了拱券抗压能力强的优点,屋顶直接作为上层院落的庭院,并有砖木建筑直接建造在窑顶。

图3-114 "瑞气凝"外工院现状　　　　　　　　　　　　　　图3-115 "瑞气凝"院落主入口

(2) "瑞气凝"院落群

①空间序列开端与过渡——辅院

a. 第一进辅院"瑞气凝"

　　一层外工院北侧的一个缓坡上是"瑞气凝"院落群的外宅门（图3-115），位于村落环线东侧。宅门为砖券拱门，全为砖雕，从外看并不见木构，门洞上有砖匾"瑞气凝"，阳刻周围饰以回字纹。院门背面有少量的木构架，有简单的木雕作装饰，朴素但不失大气。

　　"瑞气凝"院落群的第一进院落作为主院之外的辅院（图3-116），共有四孔窑洞，但这四孔窑洞规格以及建造时期都不大相同。北侧三孔窑洞较小，是为一组，其中两孔共用一个出入口，形成套窑，这是师家沟古村比较常见的形式。每两孔窑洞之间有一壁龛以供奉神位。南侧一孔窑洞较大，与第二进院落的窑洞连为一体，如今已经破损，只剩下残垣断壁，其顶上是另外一进上层院落的厢房。这孔大窑较另外几孔小窑要长出两米多，使得庭院在靠近内部院落处收缩形成一个刀把形的轮廓。

b. 第二进辅院"赐福"

　　第一进辅院东南侧有一座砖木结构建筑，双坡屋顶，这栋建筑直接建在下层的窑洞顶部。建筑的正中是进入第二进辅院的入口，檐下有简单的装饰，门洞上方镶嵌一块二字匾

图3-116 "瑞气凝"第一进院落现状

图3-117 "瑞气凝"第二进院落现状

额"赐福"。门前两级台阶,其内便是"瑞气凝"院落群组的第二进辅院——"赐福"院(图3-117),其庭院地面比前一进院落高出0.30米左右,既是等级升高的象征,也解决了庭院内部的排水问题。

这进院落入口在西北侧,朝向西山的一面是半人高的矮墙,形成一个三面围合、一面开放的较为开阔的庭院。

正房共有四孔靠崖窑,规格一致,没有檐廊遮蔽,窑洞顶部为上层院落,并在局部上层建有房屋。其正房南端直接与主院的厢房相接,就在这折角处三米多高的砖缝中竟然长出一棵枣树,盛夏时繁星似的结满了青色的小枣。

北侧厢房实为畜栏,面向院落一边通透,正中为进入院落的出入口,由此看来这个院落曾经也是作为雇工居住之用。

②空间序列的中心——主院"诒穀處"

"诒穀處"是"瑞气凝"院落群的中心院落,布局考究,四面建筑围合,沿轴线对称,院门位于西北端。除倒座外均为两层,正房为两层靠崖窑,原有檐廊遮蔽,现已不存;两侧厢房下层为箍窑,上层则为砖木建筑,单坡屋顶,可惜东南侧厢房的二层砖木建筑早已损毁,倒座为一层单坡砖木建筑,两侧有耳房,直接坐落在下层窑洞顶部。庭院长宽比接近1:1,宽敞开阔,使得院内房间能获得良好的通风采光。

a. "诒穀處"空间序列的开端与过渡——入口

第二进辅院东南端又是一垂花门(图3-118),木构双坡屋顶,檐下(图3-119)三攒三踩斗栱,正面耍头雕为龙头式样,端庄威严,其侧面雕有卷草回纹作为装饰。两侧穿插于门

图3-118 "诒榖處" 垂花门

图3-119 "诒榖處" 垂花门细部一

图3-120 "诒榖處" 垂花门细部二

图3-121 "诒榖處" 入口巷道

柱上的枋头被雕刻为龙头形象，龙口大开，双目怒嗔，气势逼人。额枋间原著有漆画，可惜现已无法欣赏原本面貌。大门的雀替（图3-120）为植物浮雕形象，卷草云纹相互交织，其间点缀数朵莲花，中间拥一座香炉，雀替下端以水纹作为收尾，其雕刻手法细腻精致，实为不可多得的艺术品。香炉谐音"禄"，莲花象征"清廉"，这门楣便成了主人述怀自己的人生抱负的载体。门柱下两尊束腰鼓形柱础，鼓身刻有书本、卷宗、棋盘等文房物件。门口抱鼓石上的狮子早已不知去向，只剩下这不得动弹的鼓身仍为主人镇守宅门。门洞上方镶嵌有匾额"诒榖處"，蓝色漆底，阴刻行书，字体豪放而不失严谨。

垂花门后是一个狭窄的巷道（图3-121），这是师家沟村居住建筑中院落布局的一种典型做法，在"大夫第"、"成均伟望"院内都有类似的过渡空间。巷道尽端为倒座的侧墙，西南侧为倒座耳房，为砖木结构，单坡屋顶，东北侧为厢房，形成一个空间感较为压抑的过渡空间，形成院内开敞空间的铺垫，直至尽端才豁然开朗，院落的整体风貌便现于眼前。

b."诒穀處"空间序列的中心——内院

"诒穀處"正房（图3-122、图3-123）较院落平面抬高0.80米左右，通过中间以及两边的三组台阶上下。正房为双层窑洞，皆为明三间，旧时有檐廊遮蔽，已毁。下层窑洞洞口略大于上层洞口。中间一孔最为突出，装饰与其他窑口略有不同，以表明其地位。正房与偏房之间的连接处各自有一孔暗窑，只在这夹缝中露出一片扇形的门洞。通往二层的楼梯也位于这个角落中，楼梯主体藏于东南侧厢房一端，外部院落中只能见得一个小型的门洞。

"诒穀處"院内所有建筑均为两层，从院内看来倒座房似乎只有一层，但是走出院落就会发现原来这倒座也是两层（图3-124），只是下层作为另外一个院落的窑洞使用。

图3-122 "诒穀處"院正房

图3-123 "诒縠處"院剖立面测绘图（正中为正房）

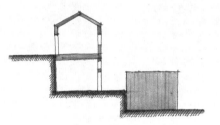

图3-124 "诒縠處"院倒座剖面示意图

两侧厢房（图3-125）也同为两层，下层为两孔箍窑，上层为砖木结构，双坡屋顶，上层的砖木结构建筑直接坐落在下层箍窑的屋顶上。东南侧厢房东端为通向上层建筑的楼梯，直接通至上层建筑室内。厢房的二层已毁，西北侧厢房二层砖木建筑保存较好。

正房与厢房二层的建筑皆略微向后退缩，以留出走廊空间（图3-126），各个房屋之间的走廊互相连通形成"凹"型。在正房与西北侧厢房之间有一个小型天井，通过这个天井可从正房二层到达北侧厢房的二层，也可穿过之后到达另外一进院辅院。正房南侧则是通往外部街巷的出入口，与村内干道相交。

倒座及其耳房皆为砖木结构，并与下层的工院窑洞连为一体，在下层也形成了一个狭窄的工院。下层的工房院共有五孔窑洞，相较其他窑洞，这五孔窑洞尺度较大，层高较高。其西南侧为"成均伟望"院落群组的工房院，"成均伟望"工房院的窑洞屋顶高出此院落平面约一人高，因而原本较为封闭的院落能获得较好的采光通风，并不压抑。

工房顶上的倒座开有六边形小窗两个，两边耳房各开有小型拱窗两个，整个立面的构图协调优美。正房二层东侧有与外部街巷连通的入口，为砖券拱门，门上刻有匾额"进福"，以祈求多福。

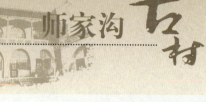

图3-125 "诒穀處"院厢房

图3-126 "诒穀處"二层走廊

(3) 三层辅院

"瑞气凝"主院正房二层西北侧为另外一进辅院(图3-128),这进院落顶部即为师家沟村落中心的福地。由下层窑洞顶部形成庭院,院内形制与下层的两进辅院基本一致,三面由建筑围合呈"凹"字型,另外一面是半米多高的女儿墙,形成一个半开放空间。院内建筑破坏极其严重,正房为三孔靠崖窑,在窑洞两侧开有小型壁龛。两侧厢房均已损毁,根据其遗址可推断出为双坡砖木结构。

图3-127 "诒榖虑"院西南侧

图3-128 院内正房

图3-129 "东山气"—"北海风"、"理达"、"务本"院落群俯瞰图

7. "东山气"—"北海风"院

　　师家沟古村东南部有三个大院彼此相邻："东山气"—"北海风"院、"理达"院和"务本"院。其中"东山气"和"北海风"组成一个大院落，共享一条半公共的走廊，并排坐落在坡地中部，院落的西北侧为师家沟古村的"福地"，其东南侧则是"理达"和"务本"两个并排的小院（图3-129、图3-130）。

　　师家沟村落中大部分的院落如"成均伟望"院、"流芳"院、"大夫第"院之间是阶梯状的垂直序列关系，而"东山气"和"北海风"两院是属于同一高度并列排布的水平序列关系（图3-131）。这种规整的院落排布方式结合了平原建筑的布置方式，是师家沟古村院落中空间结构较有特色的院落。

　　"东山气"和"北海风"两个院落本属一家，师氏第三代师法泽膝下五子分家之后，"东山气"归五子师奋云，"北海风"归三子师凌云，但由于后来家道败落，遂被卖出。

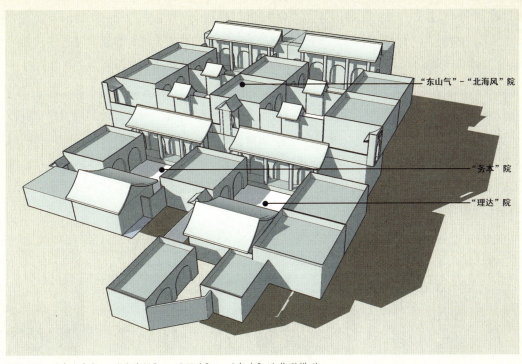

图3-130 "东山气"—"北海风"、"理达"、"务本"院落群模型

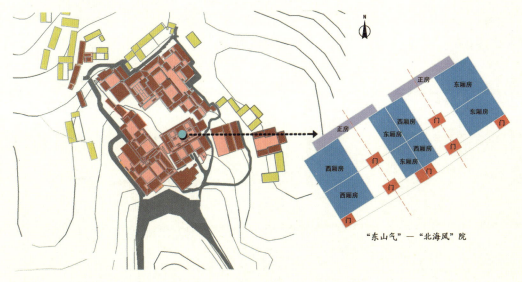

图3-131 "东山气"—"北海风"院落区位及布局示意图

1)整体布局

"东山气"和"北海风"两院均为两进三合院,格局基本一致,方正严谨,呈东南—西北纵轴式布置,且两个轴线相互平行(图3-132)。两院相通,东西厢房处形成过厅。合院外的东南方向另有一条狭长的半公共的走廊,将两个院落的出口空间串联起来,在走廊空间中央——两院交界处,有一月洞门将走廊空间划分为两个部分,圆形的轮廓恰好活跃了狭长乏味的条形走廊空间。走廊的东、北两端各有一扇大门,倘若合起门来,两院就与村中的公共道路隔开,不受他人干扰;若将门打开,则连通了东、北两边的巷道,形成私密空间与公共空间之间的过渡灰空间,处理得非常巧妙。大门上方各悬挂有一块石雕的牌匾,就是院落名称的由来"东山气"和"北海风"。

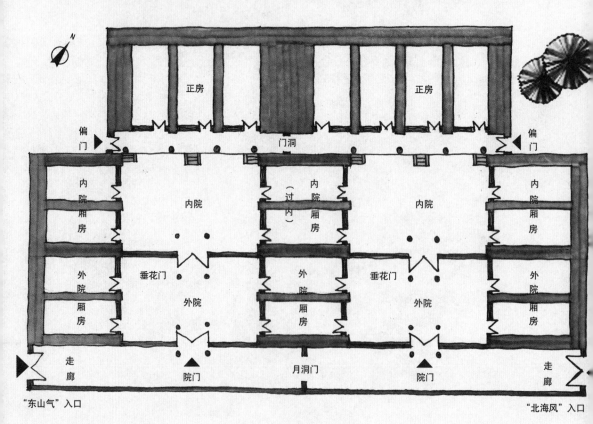

图3-132 "东山气"—"北海风"院平面图

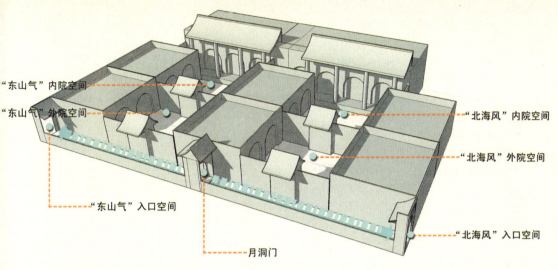

图3-133 "东山气"—"北海风"院空间分析图

2) "东山气"院空间分析

"东山气"院为两进三合院,院落整体格局方正严谨。院落轴线与半公共走廊轴线垂直,又与村中巷道平行,有强烈的空间指向性(图3-133)。院落西面紧邻村中的石板巷道,北面为师家沟古村的中心地带——"福地"。"福地"与院内房间的屋顶在同一水平面上,与正房的屋顶相连。在"福地"向下俯瞰,可以将"东山气"院落内的所有景观尽收眼底。院落东面是与其形制相同的"北海风"院,两个内院有一间过厅相连,有一条走廊将入口空间相通。南面是"务本"院,院内的房间屋顶与"东山气"院地面在同一水平面上,正房屋顶与走廊外墙面相接。

院落内由一道垂花门分隔出内、外院两个空间。内院有正房和东、西厢房,是主人的日常生活起居空间;外院有东、西两个厢房,现在屋顶和墙壁早已毁坏,只存在房屋的地基痕迹,据推测应该是客房或佣人的房间。

院内房间皆为平顶箍窑,正房有三孔窑,厢房则有两孔。正房为东南向,冬季院内日照充足。正房西侧与西厢房之间有一暗门,便是连接"东山气"院与涵洞的通道,现已被杂物堵住(图3-134)。正房的西面有一小门洞,可进入"北海风"内院中,门上有一块扇形石匾,曰:"春秀",字体飘逸,自由洒脱,现已被封住。

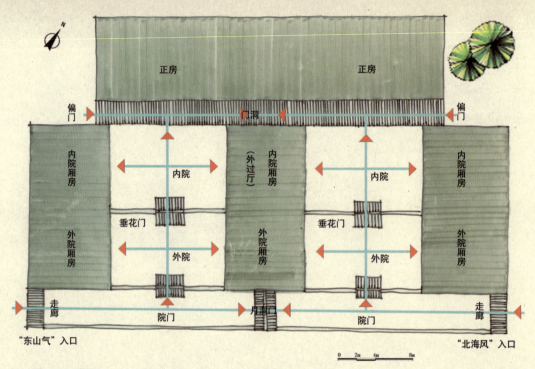

图3-134 "东山气"—"北海风"院交通分析图

(1) 空间序列的开端——入口

"东山气"的入口处与"成均伟望"院的三层入口"观国光"、"瑞雪"和"瑞气凝"院的二层入口"进福"相对，三者之间便是村中的公共巷道。巷道依山而上，铺设长条形的浅土黄色石板。巷道北面的尽头处被"瑞气凝"院的正房截住，须转向东南面的小坡继续上行，随即转回原方向，如此形成"Z"字形的路线。这小坡道的南面连接"东山气"的宽阔入口平台，再经由缓坡将平台与涵洞入口相连，缓坡与巷道平行，但坡度的角度相反（图3-135）。涵洞夹在"瑞气凝"院与"东山气"院之间，两院各有暗门与隧道相连。

入口处的平台连接院内走廊与院外巷道，宽阔舒展。平台西、南两侧原有围墙将空间分隔开，阻挡外界视线，同时由围墙内侧向外又可以通过漏窗观察外界情况或者俯瞰村口的景色，现今西面墙壁已毁。

图3-135 "东山气"院入口空间示意图

图3-136 "东山气"院大门

院落大门为木结构双坡屋顶。屋上瓦片早已残破不堪，屋脊雕砖样式朴实无华，牡丹花样式重复出现，屋脊两端的吻兽已经不知去向。大门内侧南面的墀头保存完好，竹节画框内有一果盘雕刻正中，内有三颗圆润饱满的寿桃，寓意屋主人寿比南山、福禄延绵。上方有门匾——"东山气"，由石材雕刻而成，镶嵌在砖墙上。样式简单大方，外形方正，没有其他繁杂冗余的装饰，流露出屋主人的高雅简洁的艺术品位（图3-136）。

(2) 空间序列的第一次高潮——公共走廊

大门内侧是一条半公共的狭长走廊（图3-137）。走廊被中央的月洞门分为东、西两部分，西临"东山气"院，东临"北海风"院（图3-138）。村中保存至今的月洞门还有一处，位于流芳院内，但破损程度较大。洞门上方原有一木结构双坡硬山屋顶，但早已毁坏，只留下几根孤零零的横梁横在洞门上，凋敝萧瑟，横梁间残留一卷草纹样木雕。大门两侧的山墙还在，伸出檐柱外的部分雕有墀头，北面的墀头有三层画框，层层内收，最内侧的竹节画框里有一犬卧于当中，天空飘来一朵祥云。南面的墀头较简单，只有一个内凹形画框，里面雕有一个花篮。

在月洞门前还有一尊上马石，上马石在古代不仅是功能需要，同时还是主人身份等级的象征。另外院内现在还保存有一个饮水的马槽，说明屋主人有坐骑，身份自然不同一般。

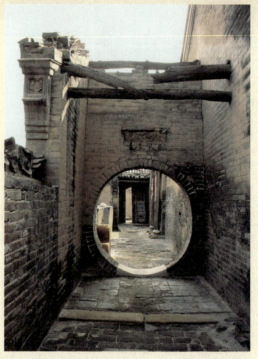

图3-137 公共走廊　　　　　　　　　　　图3-138 月洞门

　　走廊北面为"东山气"的高大院墙，南面为不到一人高的矮墙，在矮墙前眺望，村落中次第排列、错落有致的建筑尽收眼底，远方绵绵的群山一览无余，景色绝佳。

(3) 空间序列的过渡——大门

　　"东山气"院落的大门为木结构、双坡屋顶，损坏较严重，屋上瓦片几乎剥落一空，屋脊和吻兽也不复存在（图3-139）。斗栱纹样虽然模糊不清，但仍然能感受到其风格朴素。精巧的额枋部位已经被替换，而纹样简单的雀替却得以保留，方正粗犷的云纹一字型排列其上，当中点缀一朵尖头花饰。大门上方有一块木质的"循理"匾额，周围并无繁杂装饰，字体敦厚圆润，风格古朴素雅（图3-140）。

　　门下一对箱形门墩石，正面为牡丹图，以斜纹镶边，寄托家族繁荣、永享富贵的愿望。上面和侧面图案已经模糊，整体造型朴实单纯。柱础是常见的束腰鼓座式，鼓身较矮，虽然已残破磨损，但仍依稀可见阴刻有花草如意纹样，柱下底座装饰施如意纹。

(4) 空间序列的第二次高潮——外院

　　外墙内侧装饰有两面影壁，填以四叶纹样砖块，纹路清晰，落落大方。西侧影壁内凿

图3-140 "循理"牌匾

图3-141 "东山气"院影壁与大门

图3-139 "东山气"院大门　　　　　　　　图3-142 "东山气"外院厢房遗迹

有一个壁龛，供奉灶神仙君。经过改造和岁月的侵蚀，壁龛上下的装饰纹样已经不清晰，只能依稀看出下方的莲花座。两面影壁藏于外墙内侧，庄重大方（图3-141）。

两侧厢房已毁，残垣断瓦流露出历史的沧桑与无情。院内西侧有一个被废弃的古石磨，静静地诉说着过往的点滴。地面铺有纵向条形地砖，平整规则、缜密细致（图3-142）。

(5) 内、外院之间的过渡空间——垂花门

院落的大门、垂花门、正房在一条轴线上，依次递进。垂花门位于内、外院之间，分

图3-143 "东山气"院内垂花门遗迹

图3-144 "东山气"院抱鼓石

隔出主次空间，垂花门以内就是院落的核心空间。除去匾额，垂花门其余部分均已被毁，后修建的两道砖墙上嵌入木质的匾额，上书"敦厚堂"三个方正大字，并无多余繁杂装饰。时刻提醒祖孙后辈不能忘记祖训，做人要敦厚老实，堂堂正正（图3-143）。

门下方的铺砖略高于院落，四周镶以长条石，中间嵌入方形石砖，连接内、外两院。

垂花门两侧的墙壁上内外各有两块影壁，壁心方砖呈菱形布置，简单随意。影壁由一敦厚书桌承托，造型简单，桌脚圆滑。屋脊出挑完好，脊上饰有牡丹纹。墙上的滴水是明清时期典型的如意形，上雕刻卷草花饰，阳光下的阴影次第有序，打破墙面的单调。

门跺下方有两个箱型抱鼓石，其上各横卧一只小狮子，可惜的是已经被毁，无法得知原貌。底座较高，每面周围皆阴刻草纹以及金钱纹样潜雕。图案生动形象，栩栩如生（图3-144）。

（6）空间序列的中心——内院

垂花门内侧有一照壁立于内院，壁上正反两面雕刻已不在，底座造型简单别致，石砖层层收紧，上垫一块巨大条石，而条石上方的石砖呈漏斗形展开来，托起上方的照壁。

照壁把对外一览无余的内院空间作以隐藏，人流被分散为东、西两路，围合出院落的私人活动场地，可在院里吃饭、乘凉、做家务、晾晒农作物等，十分方便宽敞（图3-145）。院落正中铺地以方砖菱形斜向摆

图3-145 "东山气"院落俯视图

放，四周则是条形砖错列，突出宽敞明亮的室外空间，也限定了空间。

正房为平顶靠崖窑，三孔窑洞。屋前有一段平台高于内院，正中和两侧各有三段台阶（图3-146）。

正中一孔窑洞保存最为完好。门上有一匾额，上书"观光"，字体清秀，古朴大方。门旁有一扇方窗，条形的格栅有韵律的排列，上下分为两层，四周及中部有卷草纹饰点缀，线条流畅，落落大方。门窗上方有一小方窗，能让光线尽可能多地照进屋内，并且使光线入射的角度更大，增加进光量。方窗为太极八卦纹样，四周装饰棱格，独具特色，让人眼前一亮（图3-147）。这种图案在全村之中仅"东山气"和"北海风"两个院落可见，非常具有特色和创造性。两侧窑洞的匾额已经不在，窗的纹样是层层棱格依次叠落，正中有一四瓣梅花镂空雕饰，别是一番风味。门上的透光窗为条形木格栅，没有做过多修饰，无论从空间位置还是从装饰纹样上都突出了正中的八卦窗。

正房顶上原先建有房屋，可通向村落的中心"福地"，现已损毁。屋顶端部的漏窗以砖石叠成十字纹路的女儿墙作护栏，四周以及十字中心镂空，纹饰简单，但通过精心的设

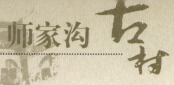

图3-146 "东山气"院正房

图3-147 "东山气"院正房八卦窗

图3-148 "东山气"院西厢房

计得到韵律感十足的图案，有阴有阳，简单的排列方法产生错落的阴影效果，使原本单调平淡的正房立面变得生动活泼。

东、西厢房对称布置，均为平顶箍窑，各有两孔窑洞（图3-148）。

厢房的门窗形式与正房相似，但装饰纹样就简单得多。窗户的格栅只是棋格模样，生怕抢去正房的光彩。门上方的透光窗稍有变化，是以中心为原点向四周发散的装饰图案，简单又有趣，细细琢磨就会发现其中变化的规律，十分耐人寻味。

屋顶上的砖饰以砖石叠落成十字纹路的女儿墙，与正房相似，但厢房的十字是镂空状，上有一小点镂空做点缀，纹样比正房的小且略显粗糙，凸显正房装饰部分的华丽和精巧。

3）"北海风"院空间分析

"北海风"院落西面与"东山气"院相邻，整体布局与"东山气"院相似，均为两进三合院（图3-149）。院落轴线与"东山气"院平行，两院共享一条半公共走廊。北面是"福地"。东面有一外院，但毁坏较严重，只留下一座两孔窑洞，经由这一院落可通向村东面的另一条小路，空间格局较为凌乱。南面是"理达"院，其房间屋顶与"北海风"院地面在同一水平面上，正房屋顶与走廊外墙面相接。

图3-149 "北海风"院落俯视图

(1) 空间序列的开端——入口

"北海风"院的入口与"东山气"院相对而立,大门的结构样式相同,但只有门洞,没有门(图3-150)。门洞上的匾额上书"北海风",字体飘逸舒展,隐约可见字面上着有红色。猜想当年应是非常鲜艳夺目的,在岁月的洗礼过后,艳丽的光芒逐渐退去,留下几抹淡淡的红色诉说过去的骄傲与辉煌。

门洞内侧的屋顶结构损坏严重,斗栱等雕饰部分已不清晰,仅留下如意草纹饰的门楣,下有几朵浪花将其轻轻托起,夹在宏大的屋顶下方,显得格外小巧精致。南面的墀头略有污迹残留,内部雕有一个花篮。

(2) 空间序列的过渡——大门

院落大门屋顶基本损毁,只留下雀替部分(图3-151)。东面的一只龙头吻兽孤零零

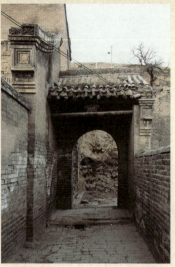

图3-150 "北海风"院门

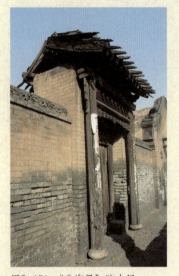

图3-151 "北海风"院大门　　图3-152 "北海风"院垂花门遗迹

地立在高墙之上，龙头微抬，双目圆睁，口紧紧闭合；龙身附有龙鳞，表情庄重而严肃。大门上方的木制匾额"□善"躲藏在后面，运笔流畅自然，显示出优雅大方的文人气质，全院匾额的风格也得以统一。木柱下方的柱础是鼓座式，鼓身饰以卷草纹样，底座为如意纹装饰。

(3) 外院

院墙内侧也有两块影壁，是"北海风"院内仅存的影壁，垂花门内侧和两边的照壁已经不在，据推测应与"东山气"院造型位置相同。外院两边厢房已经损毁。

(4) 内、外院之间的过渡空间——垂花门

"北海风"院内垂花门只剩柱础，略高的台地和两边的院墙说明这里曾经是与"东山气"院的"敦厚堂"样式类似的垂花门（图3-152）。用垂花门分隔出内、外院，使院落的空间层次更为丰富。

(5) 空间序列的中心——内院

内院中有正房和东、西厢房，其中西厢房本是一个过厅，与"东山气"院相通（图

图3-153 "东山气"院正房两侧的贯通门洞

3-153),现已被封住。其余房间均与邻院相似。正房东侧与东厢房之间有一门洞,可通向村内的一条比较隐蔽的小道。两个院落在同一水平线上,共有四道门洞,由此构成的交通空间将村内道路与两院串联起来,彼此贯通,也是师家沟古村建筑群依山就势布局的体现。

正房为平顶靠崖窑,三明一暗,西侧一孔隐在西厢房北,与"东山气"院正房相连,形成一排连续靠崖窑(图3-154)。正房窗格的装饰样式和风格与"东山气"院一致,居中一孔上方亦有一八卦窗。

房前的平台上留有四个柱础,应该是以前檐廊下柱础,现在檐廊已毁,只剩这四个柱础排成一线。柱础皆为鼓座式,中间的两座又扁又大,两边的则又高又鼓。装饰图案已经非常模糊,无法辨认。

院内东、西厢房与"东山气"院厢房如出一辙。西厢房原有两孔窑洞(图3-155),现已被封住。

图3-154 "北海风"院正房

图3-155 "北海风"院东厢房

山｜西｜古｜村｜镇｜系｜列｜丛｜书

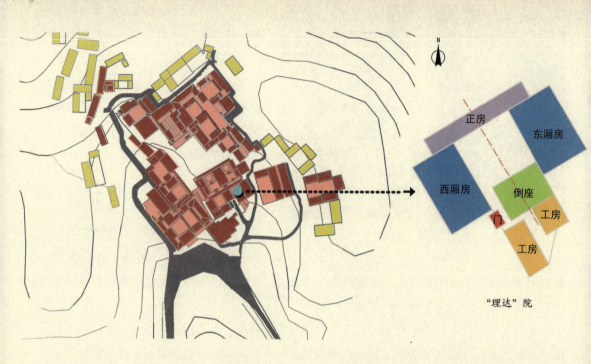

图3-156 "理达"院落区位及布局示意图

8. "理达"院

"理达"院坐落于村落的东南角，与"务本"、"北海风—东山气"院形成一个组团。西侧与"务本"院平行相邻，位于同一水平坡度上；北侧头顶"北海风"院；东侧外接村内环道，地势起伏较大，与涵洞相邻；南侧是"大庙"，地理位置优越，交通便利。

师家沟古村的主干道贯通每个院落，开端始于村口牌坊，经过的第一个院落就是"理达"院，因此"理达"院可以说是师家古沟村院落空间的起点。

院落轴线斜向东南，后有靠山，前无遮挡。由内院与工院两组院落组成，内院为一进四合院落，东南面与山体相夹处为一个不规则的工院，布局灵活，见缝插针（图3-156）。除倒座为砖木结构外，其余房间均为窑洞，共有八孔窑洞，七块匾额。院落的大门屋檐、正房檐廊、倒座屋檐及门窗雕饰为木质，雕刻工艺精美细腻，图案造型大方迤逦，装饰艺术品位高雅。

1）整体布局

"理达"院的布局方式巧妙，其西、北、东三面都有建筑和山体，建造者尽量在有限的面积和凹凸的地形里嵌入一个规整院落。在满足正房面向东南方向的好朝向时，获得较大院落面积，但山体的遮挡使工院形状不完全对称，而是形成一不规则梯形。入口位于内院与工院的连接处，主人和工人进出院内相互不影响。大门朝向扭转向西南，与村内干线平行，避免入口空间的十字交叉，有效隔离了公共空间与私人空间（图3-157）。

2）空间分析

(1) 空间序列的起始——入口

理达院大门为砖木结构双坡屋顶，结构简洁明确，檐下三攒斗栱承托屋顶（图3-159）。正面耍头雕为龙头，形象生动，侧面的耍头更是精致，其表面各自镂雕蛟龙一条，似穿行在天际之中吞云吐雾，而这云雾亦被作为如意纹样来巧妙的收尾。斗栱上的檩条与其下部额枋都作有彩画，只可惜已无法辨认其具体内容。

大门下部的雀替损坏严重，但仍旧可以想像出其当初是何等精美（图3-160）。其中间部分为牡丹花枝，两端怪石上各自生出一株牡丹，向上花枝繁茂，花姿各不相同，有的怒放，有的含苞待放。两侧雀替均为草龙装饰（图3-161），其中一条草龙呈飞腾之势，

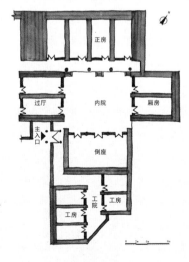

图3-157 "理达"院平面图

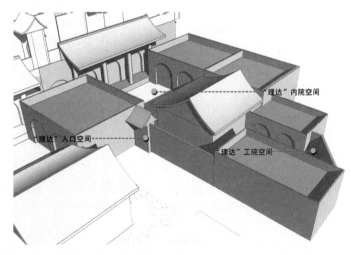

图3-158 "理达"院空间分析图

图3-159 "理达"院大门

图3-160 "理达"院大门细部一

图3-161 "理达"院大门细部二

突然龙头一转而钻入草丛之中与其融为一体,生动形象。门洞上方悬匾"理达",木底阴刻,并无其他装饰。门扇正中一对圆形铺首,上部边角饰有三角铺首,下部早已破损,但仍数得清一颗颗门钉。

(2) 空间序列的过渡——走廊

由于大门开敞方向与院落轴线垂直(图3-158、图3-162),因此入口需要一个转折的走廊空间向内院过渡(图3-163),一座素面照壁既调节了空间,也保持了院落"气脉"通畅(图3-164)。在入口处,倒座的西侧墙上照壁正对大门,稳重的须弥座上方

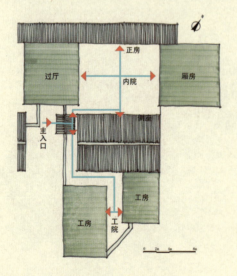

图3-162 "理达"院交通分析图

图3-163 "理达"院走廊　　　　　　　　图3-164 "理达"院照壁

有以斜砌方砖形成的棱格图案，不加多余赘饰，仿佛一面平整光滑的铜镜置于案几之上，将妖魔鬼怪阻挡在外，并起到空间转换的作用。

(3) 空间序列的高潮——内院

"理达"内院较小，四面围合，东、西窑洞仅有两孔，因此进深略短，加之倒座的屋脊耸立，遮挡一部分南向的光线，因此院落的日照情况略差。冬季稍显阴冷，但在夏季阳光遮蔽，院内气温凉爽宜人。

正房为靠崖窑，有三孔窑洞，洞口门窗装饰为木质，屋顶有单坡檐廊遮蔽，檐廊为四柱三间（图3-165）。

正房台基比院内高0.6米，正中及两边都有石阶铺设，雕饰精美的檐廊覆于正房之上（图3-166）。檐廊屋脊为砖雕铜钱和牡丹，象征富贵。檐下七攒斗栱，四攒为柱头科、三攒为平头科。额枋依稀有几抹彩画的痕迹，已无法辨认。柱间雀替精美清晰，居中的开间最为复杂：圆币兽纹位于中部，两边有回纹，并有蜿蜒的枝藤缠绕，将如意吉祥纹紧紧抓牢。细看纹样，不知其起始，不知其所终，使人眼花缭乱。四根木柱立于鼓形柱础之上，柱础图案相同，上、下部为鼓形，中部雕刻莲花束腰式纹样（图3-167）。

图3-165 "理达"院正房

图3-166 "理达"院正房檐廊细部

图3-167 "理达"院正房柱础细部

图3-168 "理达"院正房门窗细部　　图3-169 "理达"院东厢房

　　檐廊虽然占据了院内空间，使内院略显局促，但它在正房与院落之间形成一个灰空间，增加了一个空间层次，还起到遮挡上层建筑——"北海风—东山气"院视线作用，使院落的私密性提高不少。檐下空间可在烈日里得到荫蔽，在暴雨的日子里享受安逸，做农活、吃饭、洗衣、会客、休闲、晒太阳等活动都可在檐廊下进行。

　　正房门上均有牌匾，门窗图案雕刻精美复杂。中间一孔最为华丽，保存完好（图3-168），上部弧形洞口分为三部分，中部为蝙蝠鼎纹四个，两两一组，中有钱币连接，两边为对称、斜向45度排列的格纹，形成普通装饰图案鲜有的视觉冲击力。门上有一牌匾"德长"，字体飘逸，笔锋圆润，匾额简单朴实，并无其他装饰，衬托出精致繁复的窗饰雕刻。

　　东、西两厢房为平屋顶箍窑，各有窑洞两孔，女儿墙为砖砌十字纹漏窗（图3-169）。两孔窑洞之间有一壁龛保存完好，供奉各路神仙，装饰纹样简单，祥云顶天，莲花宝座为底。

　　倒座为砖木混合结构，双坡硬山屋顶，屋脊两端有吻兽遗迹（图3-170）。两旁的墀头突出而醒目，四周万字回纹萦绕，内侧又有竹节纹装饰，正中一朵莲花绽放，花瓣饱满圆润、形态婀娜多姿，上方悬挂一轮明月，象征着花好月圆的意境。屋檐下有七攒斗栱，四攒柱头科饰以方正万字回纹，刚正有力，三攒平头科饰以卷草云叶纹，柔滑卷曲，将力

图3-170 "理达"院倒座

图3-171 "颍壁蜚声"匾额

图3-172 "诗礼传家"匾额

图3-173 "品节详明"匾额

学原理和装饰特征完美地结合在一起。在结构中吃力较大的斗栱其形象坚固牢靠，吃力较小的斗栱形象弱小。体现出古代中国建筑对建筑细部与装饰的精巧处理。模糊不清的额枋彩画下有三块四字匾额，由东至西分别是："颍壁蜚声"（图3-171）、"诗礼传家"（图3-172）、"品节详明"（图3-173），由大门上高悬的"理达"牌匾、正房中央的"德长"题字至此，每块匾额都渗透着院主人秉持诗书礼义、品德高尚的思想，教导后人诗礼传家。每块匾额下方为一榀四扇式木槅扇门，居中双开扇，正门槅扇上下装饰卷草祥云纹，槅心镶两个嵌套圆纹，高贵典雅。两侧偏门为衬托正门的华丽，样式较简单，上装书条式辋圈窗，简洁大方。

（4）工院

工院是佣人居住、劳动的场所，因此面积较小，空间不舒展，日照情况也不好（图3-174）。"理达"院的工院平面呈不规则梯形，有两座平屋顶箍窑东西相对分布。院内空间紧张狭窄，门窗等装饰亦无特殊之处。

图3-174 "理达"工院

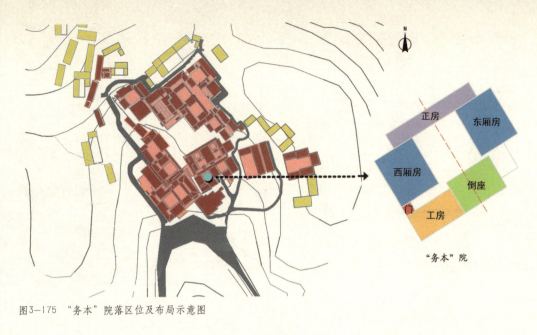

图3-175 "务本"院落区位及布局示意图

9. "务本"院

"务本"院位于村落的南端，靠近村前的开阔场地，背靠"东山气"院，南临"大庙"并高于"大庙"，东、西方向被"理达"院和"成均伟望"院的三层院落夹在当中，西、南部又有干道，居高临下，视野开阔。院落轴线斜指向东南方，温暖的南风可贯穿院落，寒冷的北风被山体及其上方院落遮挡，通风采光条件都不错。

"务本"院是一个一层单进四合院落（图3-175），院内现存八孔窑洞、三块匾额，倒座、工房与正房外檐廊已毁。可贵的是，大门精美的砖雕艺术得以保存下来，成为师家沟古村院落群中装饰颇为华丽的砖雕院门之一。

1) 整体布局

"务本"院布局紧凑，院落轴线朝向东南方，院门位于院落西南部（图3-176、图3-177）。入口空间狭窄，但院中心开阔敞亮，空间由收束至开放，形成强烈反差。

2) 空间分析

(1) 空间序列的开端——入口

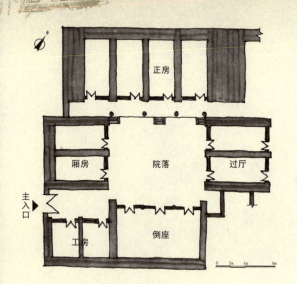

图3-176 "务本"院平面图

图3-177 "务本"院落俯瞰图

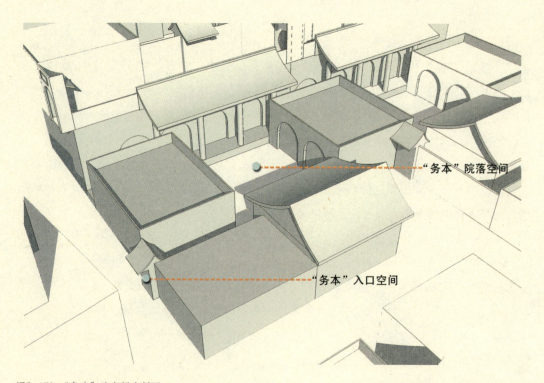

图3-178 "务本"院空间分析图

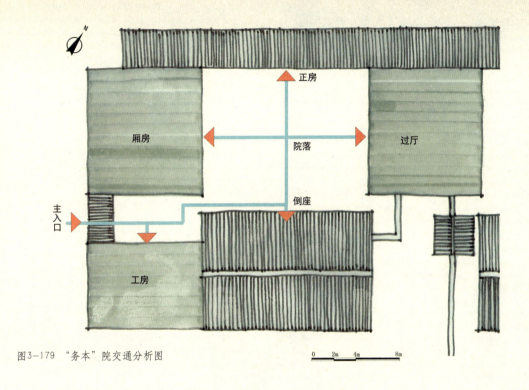

图3-179 "务本"院交通分析图

"务本"院的入口空间直接与村内巷道相接（图3-178、图3-179），没有留下缓冲空间，大门甚至突出于院墙，制造出较为紧张压抑的气氛（图3-180）。

"务本"院的大门虽然已经破损，但其精致的雕饰依旧清晰可见（图3-181），依然能够想像到当年兴旺时师氏族人从这门下穿过时的景象。檐下正中位置悬匾，匾额成书卷状，曰："务本"。何为"本"？是孝悌礼仪还是耕读传家？总之"务"的是师氏传家之"本"。旁边两攒斗拱精美异常，一簇耍头从墙壁生出，更像是两朵盛开莲花。檐口之下便为垂花雀替。额枋以竹节龙头为饰，栱门上端的雀替中四只蝙蝠翻飞于梅花如意之间，栩栩如生。雀替两侧以倒坐莲花为垂花柱，两边雀替形似飘带又似草纹，灵动优美。门洞上部为半圆，雕有门框，并以如意纹为饰。

(2) 空间序列的过渡——走廊

走廊延伸了入口空间的紧张感，狭长而闭塞，南北两侧被高墙挟制，东西两端开放为出入口，供人快速通过。走廊南侧是低矮的工房，充分利用空间，将走廊空间与工房入口空间结合起来。走廊尽头是一面朴素无华的照壁（图3-182），由此过渡到内院空间。

图3-180 "务本"院大门

图3-181 "务本"院大门雕刻

图3-182 "务本"院照壁

(3) 空间序列的中心——院落

"务本"院落的长宽比例约为1:1，经过了紧张、狭窄的入口空间和走廊更加凸显院落的宽敞明亮。作为全院空间序列的中心，四面围合的院落是主人生活起居、会客、做活

图3-183 "务本"院正房

图3-184 "长春"匾额

及交流的场所。

正房为靠崖窑,有四孔窑洞。屋顶檐廊部分已经损毁,只有两根巨大粗壮的石柱斜倚在正房墙壁上,这也是师家沟古村现存的唯一一对石柱(图3-183)。

相比于"务本"院大门的精美石雕,正房门窗的雕饰略逊一等,或许是建造者有意让木雕陪衬砖雕艺术,与师家沟古村其他侧重于木雕艺术装饰的院落作对比,形成自身鲜明的特色。保留下来的木雕里,正房居中一孔窑洞其窗棂算是最精美的了,上方弧形窗以梅花格为母题进行重复,下方小窗亦采用简化的梅花格为母题,图案颇有韵律感。门上悬挂一匾额,曰:"长春",字体清秀隽永(图3-184)。

东、西厢房为平屋顶箍窑,各有两孔窑洞,屋顶女儿墙的砖砌漏窗较高,图案精美,构图复杂,中间部分填实,两侧为花朵图案,上、下还有阴、阳刻的十字形点缀(图3-185)。女儿墙高且砖砌图案复杂,门窗装饰却非常普通,使整座建筑有种头重脚轻的感觉。

倒座为砖木混合结构,屋顶、门窗、柱子等部件已毁。留下的两侧墀头雕饰华丽,外侧有杜鹃花围绕,内侧有竹节框景,正中一枝七瓣牡丹花怒放,象征富贵连年、节节攀高(图3-186)。

图3-185 "务本"院东厢房

图3-186 "务本"院倒座墀头

师家沟古村的 公共建筑
GONGGONG JIANZHU

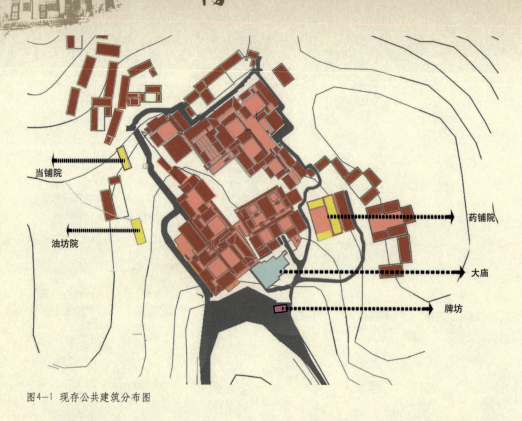

图4-1 现存公共建筑分布图

师家沟村现存的公共建筑主要有庙宇、宗祠、牌坊、墓阙、商业建筑等（图4-1）。

1.庙宇

师家沟村原有大庙、菩萨庙、娘娘庙和土地庙等共四座庙宇，分布在村落南部地势较低的台地上，用以供奉玉皇大帝、土地爷、王母娘娘等，保佑村民们身体健康、多子多福、风调雨顺等等。可惜的是师家沟村的宗教建筑大多没有保存下来，村口的大庙还有一些残垣断壁，其余庙宇则踪迹无存了，是为一大缺憾。

大庙（图4-2）位于村落南端，是师家沟村落建筑序列的开端，轴线为东西向，面朝村口的开场空地。根据遗址推测，大庙为一层一进四合院落，共有十二孔窑洞。据村中老人讲述，大庙的正房供奉玉皇大帝，东、西厢房供奉王母娘娘和太上老君，倒座则供奉龙王，各路神仙各司其职，互不干扰。大庙东侧可以搭建戏台，村中婚丧嫁娶、各种节庆活动，都会请戏班来唱戏，场面热闹非常，甚至邻村的乡亲们也会跑来观看。

图4-3 大庙入口

图4-2 大庙外观

图4-4 大庙内香炉

2.师氏祠堂

师氏祠堂由师五常建于同治二年，师家沟村是以师氏聚落为主的聚集地，村人的宗族观念相当强烈，恪守仁义礼孝，除去"福地"为日常生活中宗族会议举行的场所以外，还修建一座祠堂（图4-5）来祭拜祖先，祠堂位于村落东面的山腰上，坐东朝西，院内

图4-5 祠堂院落与照壁

高于院外地平，因此西面入口处有一坡度较大的坡地连接，院外的平台可进行各种祭祀活动。祠堂为一层一进三合院，共有十三孔窑洞，院内建筑均为平屋顶箍窑，有一照壁。祠堂现已成为民房，残存一块同治二年的石碑，记载了祠堂的建造时间与建造者。

图4-6 牌坊全貌

3. 牌坊

师家沟村入口处建有一座精美的牌坊。这座建于清咸丰七年（1857年）的贞节牌坊是师家沟村的标志性建筑，四柱三间，雕饰精美。

牌坊又称牌楼，为表彰功勋、科第、德政以及忠孝节义等品行所立，也有的作为建筑群落的入口标识。牌坊按照功能可分为以下三类：一是功德牌坊，为某人记功记德；二是贞节牌坊，多表彰节妇烈女；三类是标志科举成就的，多为家族牌坊，为光宗耀祖之用。这些牌坊具有很强的标志性，多立于村镇入口与街上，作为空间段落的分隔之用。师家沟村的这座牌坊为贞节牌坊，同时作为村落的入口标志。

师家沟村牌坊（图4-6）主体结构为石构三间四柱式，正反两面形制一致。每间门楼制式相同，正楼突出，楼下为通道，两侧皆为半人高的石质须弥座，前后各坐有石狮一对，并有抱鼓石左右各三尊，两侧均为角楼，宽度为正楼的1/2，高度为正楼的2/3，并有石雕的斗栱额枋等构件，雕刻精致入微。

图4-7 牌坊顶部装饰

据牌坊上所刻字样可知，石牌坊建于清咸丰七年（1857年），四柱三门，单檐歇山顶，高6.3米，宽5.8米。牌坊正楼顶上正中雕一大象（图4-7），背负宝葫芦。因为谐音"相"，大象石雕古时多见于官相墓阙前，在民间装饰中并不多见，"象"又可谐音"祥"；葫芦更是古时吉祥的象征，"福禄"、"五福"皆由这宝葫芦中来。正楼吻兽为一对双头怪龙（图4-8），被利剑定于屋脊之上。龙身无鳞但多刺，蜷成涡状，龙身有双翼，两颗龙头背向而向，其一略小，无须无角，双目怒嗔，朝天怒吼，另一龙头将顶楼屋脊衔于口中，同样做怒吼状，虽为幻化，但是生动形象。垂脊戗脊端头也各有一怪龙镇守，龙口向天而开，甚是威风。牌坊背面正楼中间的额枋上书有："敕赠儒林郎国学生师自省安人赵氏，张氏、儒林郎

图4-8 牌坊的屋脊装饰

师五音安人刘氏之坊"。由于师自省39岁时不幸染病身亡,当时年仅30岁的妻子赵氏和25岁的张氏,并不改嫁,一直伺候公婆,养育儿女,并为师自省守节至终。师五音在56岁时也不幸染病,当时年仅40岁的妻子刘氏,伺奉瘫痪在炕上的80多岁的婆婆,十几年如一日,同时养育儿女,非常辛苦。师五音的儿子师炳成做官时,将此情呈报皇上,于是皇上钦赐建造了这一节孝牌坊。牌坊正面雕有"琴棋书画",以示师氏族人的抱负以及对后人的勉励;背面刻有香炉、书卷、竹简、案几等物(图4-9),同样也是表达对师氏家族的期冀。正面中间刻有楹联:"圣德醍醐天宠渥,王言绘淳国恩多";两侧有楹联曰:"袍笏毂名荣梓里,簪缨品望耀金泥"。背面中间楹联是:"丹墀宠锡丝绘命,紫诰荣鹰日月光";两侧楹联是:"芝泥焕彩云霞满,籣检浮香雨露新",皆为感恩述志之辞。牌坊的明间柱子前后分别箍有石狮一对(图4-12),这些石狮雄武健壮,在此把守着师家沟村的

图4-9 牌坊正楼雀替部分细部

图4-10 牌坊匾额

图4-11 牌坊边楼雀替

图4-12 牌坊下的石狮　　　　　　　　　　　　　图4-13 牌坊下的抱鼓石与须弥座

门户。次间边侧柱子上三边有抱鼓石（图4-13）相拥，下部为半人多高的须弥座。屋顶八个翼角原挂有八只风铃，遇风铃即响起，每当夜深人静时更显清脆。

　　从功能上说石牌坊是师家沟村的"门户"。古村三面为山，只有南侧开放，形成一个袋型的布局。整个村落与外界的联系只有村落南端的两个出入口。石牌坊就位于西南侧的村落入口处，正对着从外界通往村落内部的道路，背后则是宽阔的广场和庙宇。由于石牌坊的建造，村落内空间与外界空间在此交接，空间在此发生联系进行交互，使得此处成为一个内外空间的过渡。这座石牌坊同时激发了周围空间的活力，许多村民在其周边的空地上进行多种活动，既是孩童的游乐场，也是老人闲谈休憩的场所，并可以作为农忙时节的麦场来使用，而使得这里成为村民生活的一个中心。

　　这座造型独特的石牌坊有很高的历史价值和艺术价值，可称经典，其将建筑、雕刻、匾额、书法等多种艺术精华集于一身。石构牌坊体现了我国古典木构建筑中几乎所有的元素，斗拱、额枋、瓦当，各个雕琢精美，其精致程度丝毫不亚于真正的木构件，却更显恢弘。额枋柱身书有楹联匾额，字体端庄大气，或诉说世事，或阐述胸怀，或是祈福，寥寥数字，意蕴深远。

　　时过境迁，师家沟村早已不是几百年前那繁荣昌盛的师家沟，当年的一间间大院都已人去楼空，这座牌坊也在数年的风雨之中变得斑驳，但是师家沟古村的往昔繁华仍透过这斑驳的牌坊展现在众人眼前。

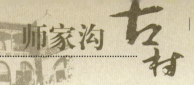

4. 墓阙

由于信奉人死后魂灵不死，我国大多数民族都会在死后为肉身寻找一处安身之所，并且相信若择得吉地安葬，后世也可得福发达。因此无论贫富贵贱，都希望能在离世后安葬于福地之中。从汉代起，开始出现在地面上营造阙为墓地标识的做法。现存最为著名的墓阙当属四川雅安的汉代高颐墓阙。随着风水文化的发展，墓阙文化也一并得到发展，普通人家一般只起墓而不为阙，达官贵人上至皇族，都会倾力营造自己的墓阙，并且多在生前就开始营造。墓阙的修建与当时的建筑以及城市规划等理念相通，力图营造一片西方乐土以供墓主灵魂所居。

除去上述这些精神层面的作用外，墓阙的主要功能是标识墓地位置，保护墓碑。在后来的发展中逐渐成为墓主身份的象征。墓阙多以砖石结构为主，雕刻有精美的装饰，装饰内容大略可分三类：一是墓主生前生活，这些画像主要表现死者的社会地位、生活经历以及拥有的财富，如河南登封太室阙的"车骑出行"画像；二是舞乐百戏，如河南登封少室阙上有蹴鞠画像；三是历史故事与神话传说，历史故事主要是关于帝王、圣贤、忠臣、孝子等，除此之外墓阙上的绝大部分画面都与天上之物如日月、星辰、神人（西王母、伏羲、女娲、羽人等）以及神兽（朱雀、玄武、青龙、白虎等）相关联。

在师家沟村西山之后有一组墓阙，其形制与村内建筑以及牌坊多有相似之处，雕饰华丽，形成一片特殊的"安居之所"。师家墓地位于师家沟古村北部山坳间，据说师家沟宗族坟地为江湖术士所选，师法泽及其四子皆葬于此地。师氏坟茔正好位于一个马蹄形的台地正中，背

图4-14 "孝思堂"墓阙

靠主山,两侧青龙白虎相拥,前方低地恰为明堂,有案山在北侧,面前有沟壑,相对是朝山,正是营穴建坟的风水宝地。相传术士告诉师家从地块边缘开始作为宗族坟地,当坟墓建在这块风水宝地最中间的时候便是师氏家族最为兴旺之时,而性急的师氏族人为了能够立马兴旺竟然直接从坟地的中央开始建造坟墓。虽然为传说,但师氏的发展确实也随着坟地向边缘发展而逐渐败落。而留下来的装饰精美的墓阙,也正是这片吉地中间的那些。

"孝思堂"墓阙(图4-14)是师法泽之墓,为砖雕门楼形式,庑殿顶,檐下逐渐内收。其正面雕有"孝思堂"匾额,以回纹为框,砖券门洞两侧有楹联曰:"寸衷常存追远意,一刻不忘报本心"。表达后人对先祖的思念哀悼之情。

"孝思堂"墓阙檐口下装饰有砖雕斗栱(图4-15),正面耍头雕为麻叶头,斗栱坐于莲花之上,两边有回字纹装饰。其下再出檐,檐下雕刻最为精彩,两端砖雕枋头形象诡异,秃头大鼻,口中含丹。垂花短柱下荷叶形似烛台,周边饰以草纹,顶着两层莲花座,整体恰似一对宝莲灯。短柱之间的雀替部分更是精妙,上部三幅画作饱含祈福之意,数根秀竹汇于一心,同根而生;顽猴攀爬于古松之上,伸手欲取挂于松枝上的莲子宝盒;数只喜鹊嬉戏于梅花枝头。下部一长幅画作,正中间一仙翁手持卷帛,身后如意如祥云般笼罩,身边景观更是喜人,牡丹丛中喜鹊欢鸣,两侧雀替也被雕刻为牡丹形象。整幅画卷雕刻精致,内容生动,匠人用其娴熟精湛的技法为墓主营造了一处仙境。

"孝思堂"墓阙门洞内为墓碑(图4-16),上部有一"皇清"竖匾,顶部饰莲花一株,被叶蔓草纹包裹,匾额下有回纹底座。匾上顶一寿字,字体浑圆,向四周伸出一圈如

图4-15 "孝思堂"细部

图4-16 "孝思堂"内石碑

意纹，双龙分侍左右。在下部一行如意纹下便是墓碑主要内容，周围也以花草纹路装饰。碑前有石质香炉，香炉下部镂雕一"万"字。虽为墓阙，但其上上下下却表达了师氏族人对美好生活的向往与渴望。

　　此块坟地以精致的砖雕墓阙为主，其间却也树立着一幢石质墓阙，是师自省坟茔之阙。依其匾额可称为"追远堂"（图4-17）。门楼形式在体量上比其他要小很多。整个墓阙的装饰风格与村落入口处牌坊相一致。尤其是屋顶的装饰几乎一模一样，一对双头怪龙被利剑钉于屋顶之上，怪龙一只口衔着屋脊，另外一只龙头冲向天空怒吼，戗脊上也各自有一尊龙头把守。

图4-18 "追远堂"细部

图4-17 "追远堂"墓阙

图4-19 "追远堂"栏杆上的小狮子

"追远堂"墓阙石质屋顶坐于四组斗栱之上,每个栱端卯头被雕刻为龙头形象,冲向四面八方,震慑来犯鬼怪。檐下悬一扇形石匾,被雕琢成铺开的卷轴式样,除"追远"二字外并无其他雕饰,朴素典雅。墓阙背面悬有竖匾,匾额周围饰如意纹,匾中书有"报太"二字,也并不多做手笔。斗栱之下额枋相交,各自挑出,枋头处雕有椒图形象。枋头下便是石柱,柱顶有兽头形象,下端为莲花浮雕,柱身刻有楹联"岁时荐俎豆,凄怆展孝思"。门洞上雀替内容为两只跃下台阶的雄狮回望一"寿"字,而在另一面却为舞乐图(图4—18),正中一人手抚琴弦,两名舞者随之而起。门洞内石碑内容已经残破,依稀可辨其内容,想必当年也耗去了工匠不少的心血。碑下同为一幢石质香炉坐于"万"字之上。墓阙下有石质基座,围有栏杆,上有石狮镇守(图4—19),狮首较大,双目怒嗔,面目狰厉,蹲坐于石柱之上,尽心守护着墓主。

除上述两座之外,其他三座"追远堂"(图4—20)、"孝思堂"(图4—21)、"永垂堂"(图4—22)分别为师五典、师彩云、师奋云等人的墓阙。其装饰也同样精致,皆为砖石结构,形象取于木构建筑。

图4—20 "追远堂"墓阙　　　　图4—21 "孝思堂"墓阙　　　　图4—22 "永垂堂"墓阙

图4-23 师彦成墓碑

西山后还有一座单独的坟茔（图4-23），距离村落较近，是师彦成在京遇害后其父师五常为亡子所建。为石质结构，形制与石牌坊类似，可惜在多年的变革中已经遭到严重的破坏。墓阙正面有楹联："春风桃李花开日，秋雨梧桐叶落时"。与白居易《长恨歌》中"春风桃李花开夜，秋雨梧桐叶落时"只有一字之差，原诗是描写唐明皇与杨贵妃之间的爱情故事，在这里却恰恰对应了师家的兴盛与衰落。墓碑上除了墓主字号生卒年月等信息外还有墓穴建造的记录："此茔属艮山，坤向水，出丁穴，深一丈一尺五寸"，可见其营造极其讲究。墓碑的背面是师五常所做碑文，文中概述师五常人生经历以及亡子之痛，眼见家道败落，"然一杯之水安能救车薪之火，一邱之木安能支大厦之广，一人之力安能在照百世之远"，经历这一人生的打击，师五常一心修身养性并寄希望于师族后辈重振家声，于是写下"我后久以孝敬为本，不以刻薄为怀，以谦让为度，不以骄傲为量，以谨身节用为元，不以妨日废业为务，将见异日者，诗书流芳，宗社延绪，以光门闾之盛，则余虽死之日犹生之年也"。

5. 商业建筑

师家自第三代族人师法泽开始发迹，时值乾隆盛世，其后师家以耕读传家，农商合一，逐渐开始发展。道光咸丰年间，师家的第五第六辈人也开始发迹，走起了官贾结合的道路，不仅在官场上走出一条光明大道，同时商业也越做越大，店铺也越开越多。除了本村的店铺作坊外，师氏在汾西县城开设有"四知堂"钱庄、"敦本堂"当铺等，霍州有师化成药铺等，并且生意扩展到陕西、河南以及京城等地。师氏借此积累起雄厚资产，成为晋南的名门望族，成为一个官商兼顾、农商票当、采矿以及小型企业全面发展的家族经济体。

村内曾建有油坊、醋坊、染坊、酒坊、造纸坊、磨坊、豆腐坊以及药铺、当铺等作坊铺面，形成一个比较完整的生活服务体系，不仅满足本村及周边村落群众的生活需要，也成为了师家发展的基地。师家沟村是当地区域的一个经济中心，兴盛之时仅供雇工居住的窑洞就有数十孔。师家衰败之后，师氏后人开始变卖家产，这些店铺或被废弃损毁，或落入他人之手。

师家沟村现存的商业建筑只剩下油坊、当铺以及药铺院，并且都已严重毁坏，昔日繁华再也无处可寻。

1）药铺院

药铺院（图4-24、图4-25）地处村落东端，背靠东山，面向西方，位于村落环线以外，临近"东山气—北海风"院落群。其院内三面建房，一面围墙，形成一个封闭的院落，在西北端和南端各自有一出入口。该院现已成为村民进入村落内部的一条主要道路。

图4-24 药铺院现状

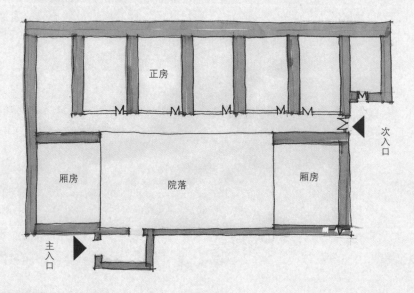

图4-25 药铺院平面示意图

图4-26 药铺院厢房墀头

药铺院的主入口位于西北侧，为一较矮的砖券拱门，有洞无门，进入拱门后是一片三平方米左右的矩形空间，内外空间在此进行过渡，外来视线也被遮挡以保护院内私密性。拱门正对一面为墙壁，东侧又有一砖券拱门，由此才算进入院落内部。

正房为六间，明暗各三间，均为靠崖窑，正中间有一小型壁龛，窑洞的屋顶作为上层院落。每间房门上有二字匾额，但均已残破无法辨认。建筑装饰朴素，饰以常见的拼花以及门窗。

两侧厢房均已毁坏，如今只剩下几片残垣断壁，但仍可推测出其当初风貌，砖木结构，双坡屋顶。墀头等装饰部分未被损毁仍可见，两侧墀头（图4-26）均为草龙装饰，只是这对草龙不同于其他草龙的蜿蜒盘旋，而是首尾相交围合成一"回"字，别有风味，两只龙身装饰略有变化，周围以饱满的竹节为框。这两处墀头中一处还可辨得顶部装饰，两个小幅画卷中牡丹莲花各一只，取义"一直富贵"、"一直清廉"。

南侧厢房与正房之间夹道端头即为药铺院的另一出入口，同样也是砖券拱门，砖拱弧度平缓，呈扇形。这洞院门东南侧还有一孔小窑洞与正房相接，应为药铺院附属建筑。

2）当铺院

当铺院（图4-27）位于师家沟村西侧，背靠西山，与"大夫第"院落隔着环线道路相望。靠着崖壁凿成四孔窑洞，并不以院墙围合。而是靠着地势的高差来限定院落范围。

北侧一孔窑洞较小，应为后建，其余三孔规格一致。最南端一人高处有一小型孔洞，应为通往屋顶的通道。整个窑洞不加装饰，朴素无华。

图4-27 当铺院现状

3）油坊院

　　油坊院（图4-28）同样位于西山的崖壁下，与当铺院相距不过数十米，坐落在另一片台地上，竖向高度相对当铺院要低，其南侧为数米深的土崖，靠着这一高一低的高差，虽不围合，依地形自然形成院落的范围。其规模并不大，只有三口窑洞，皆为靠崖窑，因多年无人修葺早已毁坏。

图4-28 油坊院现状

【第五章】

师家沟古村的装饰艺术
ZHUANGSHI YISHU

中国古代的建筑装饰除了保护建筑构件的功能外,也是体现建筑特征或表达主人的理想追求和文化品位的重要载体。师家沟古村作为古村落中的一朵奇葩,无论是村落的整体布局、各个大院的建造艺术还是精美绝伦的装饰艺术都达到了很高的成就,对于研究古村落文化以及晋商文化而言都是不可多得的资料,因此应该受到更多的关注。

因为地处山丘沟壑之中,在山西其他古村落中常用的砖木结构在这里无法得到广泛的应用,凿土为室的建造方式似乎过于"朴素"而无法表达建造者内心的追求,虽然没了精美恢弘的木构架来彰显品位,但他们找到了另外的一种表达方式——雕琢。

师家沟村的建造以及装饰艺术完全可以用一个字来概括——凿。凿土以为厅堂居室;凿木以为门窗匾阙;凿砖以为花虫纹饰;凿石以为桩基柱础。正是在一代代能工巧匠的雕琢下,我们现在才有幸能目睹这一生长在山壑中的古村落奇葩。

一、凿木以为门窗匾阙

1. 门窗装饰

雕饰精美的门窗一直是传统建筑的重要组成部分,作为建筑的"门脸",门窗的装饰往往承担着一栋建筑的主要审美功能。中国古代不同地区的建筑风格差异颇大,门窗的式样以及装饰风格也有诸多不同。福建广东一带喜欢在门窗上大施彩绘,而江南一带则喜欢将木材的本色展示于人。在雕刻工艺上,江浙出产的门窗以其精致的雕刻而著称。清代曾有大量江浙木工迁至山西,因此山西民居建筑中的门窗受其影响也多显精致秀丽。

师家沟村的民居建筑以窑洞为主,其建造方式以及结构与木构建筑差异较大。但由于是凿穴而居,依靠拱券来支撑屋顶的荷载,其正立面因此被解放,由木构的多间连续立面变为一系列的拱形门窗洞立面,相比木构建筑却别有一番特色。由于窗洞上窄下宽呈半椭圆状,无法使用传统的整扇方窗,因此门窗下半部分多由门扇与一个较大的方窗组成,而上半部分或为一个较小的方窗,或为顶到窑顶的扇形窗。出于功能需要,师家沟村民居建筑中的门饰较为朴素,装饰较少,而窗就给了匠人更多的发挥空间。

师家沟村窑洞的槅窗装饰精美，花样繁多，又不失朴素淡雅，据村人说曾共有一百零八种不同的花格纹样，大多使用不同的元素进行重复组合，从而获得独特的韵律节奏。其中以锦式棂格窗与花格窗居多，花格纹样极为丰富，有龟背锦、步步锦、盘长锦等，简洁的图案通过别致的排布变得独具特色，更多的是多种花格被工匠巧妙融合在一起形成更为丰富的槅窗，成为师家沟门窗装饰中的一大特色。

按照部位的不同这些槅窗可分为三类：一是位于窑洞顶部的槅窗，这类槅窗较小，起到为屋内补充光线的作用，多为锦式，又有多种花格纹样组合式样；二是窑洞房门一侧的槛窗，是屋内的主要采光窗，面积较大，以棂格式为主，装饰纹样丰富，其中方胜纹使用最多（图5-1）；

图5-1 窑洞窗户示意图

图5-2 "成均伟望"院窑洞顶部槅窗

三是木构建筑的槅窗，这类槅窗面积更大，也有的直接作为木槅扇门。

1）窑洞顶部槅窗

在"成均伟望"院内，槅窗（图5-2）的繁饰程度与房间的等级有一定关系，其中以正房中间的堂屋槅窗最为精美，以十字花格为饰，部分窗棂被化为草纹形象，更添生动；其次为正房其他房间的槅窗，为步步锦式，大小相同的方框横竖相交，别有一番雅致；再是厢房槅窗，窗角以及格心均有梅花形装饰，简洁朴素。

图5-3 "巩固"院窑洞顶部槅窗

"巩固"院内窑洞顶部方窗（图5-3）共三种，分别为一马三箭式、梅花锦式以及书条式。梅花形象在后两扇窗中体现得淋漓尽致，其中一扇为朵朵梅花错综排列，另一扇则以梅花点缀于窗格之间，打破直棂窗呆板的格局，创造出不同的韵律。

图5-4 "竹苞"院窑洞顶部槅窗

多枚古钱相套而成的"古钱套锦"（图5-4）也是门窗装饰中常用的吉祥纹样之一，各个圆环相套，形成金钱纹样。古代的钱币、元宝都有吉祥富贵之意。古钱又被统称为压胜钱，是古俗年末给小孩用以"驱邪"的"压岁钱"，所以"古钱套锦"有预兆发财和驱灾避邪之意。

图5-5 "大夫第"窑洞顶部槅窗

"大夫第"是师家沟村内保存较好的院落之一，其门窗十分精美，花样繁多，极为讲究。正房窑洞的顶部槅窗形制有两种，两侧窑洞的顶部槅窗为小型方窗，方窗两侧以砖填充，做法典型。较之前者，正中窑洞的顶窗（图5-5）比较精致，以扇形窗填充。装饰内容以步步锦和方胜纹样为主，并与其他吉祥图案结合

图5-6 "成均伟望"院正房槅窗

成更复杂的装饰纹样，步步锦有"步步高升"之意，因此很多官宦之家都喜欢用这种纹样来装饰厅堂居室。

2) 窑洞房门一侧槛窗

窑洞房门一侧的槛窗是室内主要的采光口与通风口，多为方窗，窗棂多做纹饰。"成均伟望"院正房槛窗（图5-6）有两种，正中一间为龟背锦式，并且龟背内饰以梅花，四角又各有菱形点缀，形成一幅精美的装饰画。两侧槛窗为棋盘格与十字花窗结合而成，格心饰以梅花，朴素雅致。

"成均伟望"院倒座的窗户（图5-7）为一马三箭式变化而来，并不是一色的直棂窗格，以梅花形为格心，窗格间也饰有梅花形的色垫。梅花纹样是我国古建筑装饰中常见的纹样，在师家沟的门窗装饰中亦较为常见，形式简洁，对称有规律，易于雕刻，并且寓意美好。

图5-7 "成均伟望"院倒座窗

"大夫第"院正房的下部槅窗（图5-8）皆以"方胜"纹样作为装饰。多个方形或者菱形压角相叠，框框套套所组成的图形称为"方胜"，这种图形在山西民间极为常见，"胜"是古代妇女的头饰。《汉书·司马相如传》唐代颜师古注云："胜，新妇首饰也，汉代谓之华胜"。"方胜"是"华胜"的一种花样，另外还有"人胜"、"金胜"、"玉胜"等等。方胜有吉祥纳福的寓意，据说妇女佩戴"方胜"可讨大吉大利，得福纳祥。此外由于方胜框框相扣、叠角相连的形式，有隐含"心心相连"之意。以此来祝愿家人同心，和睦永远。如果是新房窗棂呈"方胜"状，便寓意小夫妻"心心相印、爱情永远、白头偕老"。虽然同以方胜纹为装饰母题，但各个槅窗的装饰细节却各有差别，在布局或边角的处理上有各自的特点，创造出多样的装饰效果。

图5-8 "大夫第"正房槅窗

图5-9 "观国光"槅扇窗

图5-10 "巩固"院过厅房锦格窗

3) 砖木建筑槅窗

"观国光"院两侧厢房为砖木结构，正立面的墙面完全解放，两侧槛窗（图5-9）为棋盘格花格窗结合而成，部分窗棂为曲线造型。槅扇门为龟背锦式，八角形的基本图形组成的窗格形式看起来就像乌龟的背壳图案，所以被称为龟背锦。龟是长寿吉祥之物，古人以龟甲纹作为窗格棂条图案，不仅美观生动，而且还有"延年益寿"的吉祥寓意。

"巩固"院过厅房西北侧的门窗（图5-10）装饰以锦纹为主，通过单元图案的组合排列形成简洁且颇具韵律的纹样，包括方格锦、菱格锦（鱼纹锦）以及金钱锦等。看似简单的图案近看细节同样精致。

"大夫第"院倒座为砖木结构，正面三间长窗，皆为门扇，正中一间（图5-11）为书条式，两侧为一马三箭式与方胜式的结合。其细节极为精致，尤其是正中一间，三段绦环板（图5-12）雕刻极为精致，上下两个均为莲花形象，并以卷草纹为饰，中部则是两条草龙相拥一颗宝珠，将槅窗分为两段，草龙被变体为横平竖直的格状纹样，憨态可掬，并在窗格之间夹有梅花色垫。

"大夫第"院倒座房的门帘架（图5-13）可称得上是师家沟古村一绝，雕刻手法精致细腻，在匾额大小的篇幅内，雕饰了极为丰富的内容。正中以二

图5-11 "大夫第"倒座槅扇门

图5-12 "大夫第"倒座房长窗细部

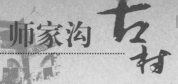

图5-13 "大夫第"院倒座门帘架

图5-15 "大夫第"门帘架细部二

图5-14 "大夫第"倒座门帘架细部一

图5-16 "大夫第"倒座门帘架细部三

字匾额"尚志"表述院主胸怀，字体圆润饱满。背景为镂空雕饰，十个如意相互缠绕，寓意"事事如意"；其间更落有八只蝙蝠，以求吉祥如意、多福多贵。门帘架顶部左右两端分别放置桃子、葡萄一盘（图5-14）。桃通寿意，葡萄则因为多籽被用以表达多子之意。门帘架的四面边框亦饰有不少的吉祥物件，上下各两幅画卷（图5-15），灯笼、香炉、宝瓶、茶杯、笔筒等宝物共八件分列于上下两端，并以回纹为底，使得整个门帘架装点得精致而不冗繁，富贵不失雅致。两侧边框共有四尊宝瓶（图5-16）装饰，两尊方瓶两尊圆瓶，瓶内插有蒲扇、竹笛、拂尘、荷花等物，并在瓶身周围饰有如意、锦缎等纹样，是为暗八仙。八仙所用的法器合称"暗八仙"（图5-17），每件法器都有其吉祥寓意。张果老所持鱼鼓能占卜人生；吕洞宾的宝剑可镇邪驱魔；韩湘子的笛子可使万物滋生；何仙姑的荷花能修身养性；铁拐李的葫芦可救济众生；钟离权的扇子能起死回生；曹国舅的玉板可净化环境；蓝采和的花篮能广通神明。借着这些吉祥寓意，这"暗八仙"便常被装饰于建筑的额枋门楣中。

图5-17 传统暗八仙图案

图5-18 "成均伟望"匾额

2.木质匾额

匾额在中国古建筑中随处可见，已经成为中国古建筑文化中的一个重要组成部分，《说文解字》对"扁"作了如下解释："扁，署也，从户册。户册者，署门户之文也"。匾额内的文字是经过高度提炼的，三两个字便将一段历史、一生追求、一份福愿表达得清清楚楚。其所表达的内容基本有以下几种：（1）楼阁厅堂的名称；（2）抒情述志之词；（3）祈福恭贺之词；（4）歌功颂德之词；（5）商家字号等。

师家沟村现存的匾额大多为前三种，以木质和砖质匾额为主，其中木质多为院内匾额，而砖质匾额多为大院入口上方所雕。

师家以耕读传家，曾出现过很多的文人官宦并从事商业，官商结合，因此其匾额文化也相当丰富，有些院落中匾额数量竟有十多个，几乎每扇房门上面都有相应的匾额。这些匾额大多出自典故，也有相当部分为院主的言物述志之词。匾额内字体多为阴刻，有的再饰以金粉或用金粉描边，也有用笔墨直接书写的，字体风格多样，各具特色。

"成均伟望"主院的垂花门上方悬挂有四字门匾"成均伟望"（图5-18）。门匾背后的故事可称得上是师氏家族的发展史，成字辈可以算是师家历史上最为兴旺的一辈，仅性氏族成员就有"九成九福"。其中最为杰出的代表有师彦成和师炳成,师彦成考得功名,师炳成主持家族事务。"成均伟望"即寓意成字辈都能够取得成功,赢得名望。但是实际情况并不尽人意,师彦成在京等候朝考时不幸被害,不久后师炳成也不幸病逝,师氏家族遂逐渐败落。师家子弟便不问家事,恣意挥霍先辈积攒起来的家业,大量的院子被变卖,甚至有的院子卖出的价格都不够师家一个长工抽烟袋的钱。

"成均伟望"主院内现存比较完好的牌匾只剩下正房中间窗口上的门匾"元吉"(图5-19)。"元吉"二字典故颇多,意为大吉、洪福。《易·坤》中有言:"黄裳元吉。"孔颖达注有:"元,大也。以其德能如此,故得大吉也。"三国吴臣薛综的解释则更为明确:"元,大也;吉,福也。"区区两字便表达了院主对美好生活的期待。

二层院落"观国光"院内匾额最多,每个房门上都有相应的匾额,其中正房有两字小匾四块,两侧厢房四字大匾各一块。两字小匾(图5-20)分别书"斗才"、"朱轩"、"单厚"和"斋月"。"斗才"是主人对自身修养的表达,"朱轩"二字本意为红色的房屋,唐白居易《游悟真寺》中即有相关的典故:"回首寺门望,青崖夹朱轩。"同时暗指了主人的抱负志向。"单厚"则为对自身品性的表达,意为诚厚,敦厚。《诗·小雅·天保》中有言:"天保定尔,亦孔之固。俾尔单厚,何福不除。"孔颖达注有:"单,信也。或曰:'单,厚也。'"而"斋

图5-19 "元吉"匾额

图5-20 "观国光"院内二字匾额

月"则表明此间屋子为女性居所。

两侧厢房的四字匾（图5-21）"积爱生福"、"作善降祥"都是在教导家族成员多行善积德以获得祥瑞福气。"积爱生福"意为累积恩德，《淮南子·人间训》曰："夫积爱成福，积怨成祸。"明代唐顺之在《与郭似庵巡按书》也有类似的语句："积爱生妍，积憎生丑，古来共然。"另一块匾额"作善降祥"为"作善"与"降祥"两词组合而成，《商书·伊训》："作善降之百祥，作不善降之百殃。"佛典《无量寿经》也有这样的教诲："如是世人，不信作善得善、为道得道，不信人死更生、惠施得福，善恶之事，都不信之。"

图5-21 "观国光"院内四字匾额

图5-22 "耕读传家"匾额

图5-23 "大夫第"院内二字匾额

图5-24 "大夫第"院倒座四字匾额

图5-25 "巩固"院内匾额

"大夫第"院内的匾额无论从数量还是质量上来说都是相当精彩，光是门上的木匾保存完好的就有13个，匾额内容多为自拟。其中大门入口处有"耕读传家"匾，正房一层有"雍容"、"言物"、"致远"；正房二层有"质朴"、"行恒"等，两侧厢房有"俭约"、"守廉"、"缄默"、"蔼然"四块两字匾额；倒座上方则悬有"心气和平"、"意志坚定"、"事理通达"三块四字大匾，匾额内容多为对族人的教诲。在师家的整个历史中，"耕读传家"（图5-22）一直作为师氏的传家之道，在希望族人能够立志高远的同时耕读并重。"俭约"、"守廉"（图5-23）、"意志坚定"、"事理通达"（图5-24）等匾额也是教导族人为人处世及修身养性之道。

"巩固"院落群是师家最早开始兴建的大院，师法泽在发迹之后开始对原来居住的宅院进行扩建，经过几代人的建设最终形成规模。"巩固"院内年代最远的院落正房中间悬挂有"继志"（图5-25）匾额，意在激励后人继承前人的志向。过厅房门上存有"顺时"匾（图5-25），意"识时务者为俊杰"。此块匾额原本并不在这里，师氏后人在分家改造时置于此。"巩固"院东南端是一间木构架的建筑，主体结构已经损毁，正中的入口上还存有匾额"迪吉迓休"（图5-26），为吉祥安好之意。《虞书·大禹谟》中有相应典故："惠迪吉，从逆凶。"孔颖达注有："迪，道也。顺道吉，从逆凶。"清人朱之瑜在《与三木高之书》之六中描述的情景则更符合这块匾额的本义："归乡之后，屡询兴居，知阁宅迪吉，可胜欣慰。"

图5-26 "迪吉迓休"四字匾额

图5-27 "瑞雪搏远"匾额

"敦本堂"院落大门上有四字匾额"瑞雪搏远"（图5-27），院内垂花门正面有匾"敦本堂"（图5-28），据落款推测应为院主亲手所题，字体端庄不失豪放。"敦本"本意为注重根本，古时多指重视农事，而这里的"本"则寓意更多，既是持家之本，也是处事之本，更是为人之本。在垂花门的另一侧嵌有一四字匾额"清白家风"（图5-29），亦是对族人持家之道的训诫。

"竹苞"院大门上镶嵌有二字匾额"松茂"（图5-30），字体为阴刻楷书，圆润饱满，并无其他装饰，素雅别致。这二字出自

图5-28 "敦本堂"匾额

图5-29 "清白家风"匾额

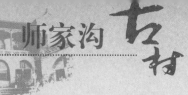

图5-30 "松茂"匾额

图5-31 "斋莊中正"匾额

图5-32 "诒穀處"匾额

图5-33 "理达"匾额

《诗经·小雅·斯干》中"如竹苞矣，如松茂矣"，人们常以"竹苞松茂"颂扬华屋落成，家族兴旺。其倒座门上悬匾"斋莊中正"（图5-31），是主人对自身品性的表述。"瑞气凝"主院入口的垂花门上悬有三字匾额"诒穀處"（图5-32），行书阴刻，以蓝色漆底为背景衬托字体。"理达"（图5-33）匾额为理达院大门匾额，为阴刻行书，不加其他修饰，木质本色散发着古色古香。

3. 檐廊木雕

师家沟村窑洞洞口处都有与木构坡屋顶类似的檐廊。檐廊的斗栱、额枋往往有精美的木雕以及彩画装饰。这些檐廊在功能上起到了遮风挡雨的作用，从审美上也使建筑显得更为恢弘，并从一定程度上暗示了院主对居住环境的一种渴望。

师家沟村中保存较好的檐廊主要有"成均伟望"、"观国光"和"巩固"院内的单坡檐廊。

"成均伟望"一层院落的檐廊面宽三间，斗栱、额枋、雀替等构件一应俱全，并有精美的木雕彩画装饰。其檐下共有七组斗栱，四攒柱头科三攒平身科，斗栱体量较小，每攒斗栱正面耍头雕为龙头，威望有加。柱头科的两侧板雕为如意纹，而平身科的两侧栱板则雕为回字纹。斗栱下的额枋没有雕饰，却施以彩画，可惜已经损坏严重无法辨别内容。柱上的枋头同样被雕为龙头，与上层斗栱交相呼应。

在师家沟古村的建筑装饰中，最精致的雕刻往往都是柱间的雀替。"成均伟望"院檐廊的雀替（图5-34）装饰以植物纹样为主，三个开间内容丰富，两侧以草纹为主，其间夹有如意纹、云纹，多支荷花荷叶掩映其中，或怒放，或含苞，姿态各异。正中开间纹饰以牡丹花为主，花态各异，姿态万千，更有鸟雀嬉戏其中，甚是生动活泼。

"观国光"院落檐廊（图5-35）同样也为三间，六根柱子划分为五段，在正中一间两侧各加了一根明柱。因此檐下斗栱有平身科三架，柱头科六架。斗栱各个雕刻精美，正面为如意纹与云纹组合而成，两侧为草纹装饰。每个明柱上部挑出的枋头为龙头雕刻，龙头下有回字纹装饰。雀替部分依旧为其最精致之处，最外两侧为连续万字符作底，其上有竹子以及两幅画框，内容分别为书卷以及书桌，均被丝带所缠绕，寓意万福无边、仕途通达。中间部分祥云笼罩，两条蛟龙出没其中，龙口大张，吞云吐雾，正中一寿字符，其祈福之意不言自明。其余两小间图案，为二龙戏珠，双龙喷出火焰将一颗宝珠冉冉托起，雕刻细致，同时也托起了院主的理想抱负。

图5-34 "成均伟望"一层院落檐廊细部

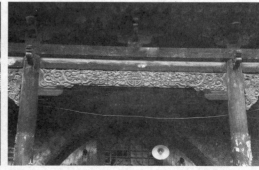

图5-35 "观国光"院内檐廊及其细部

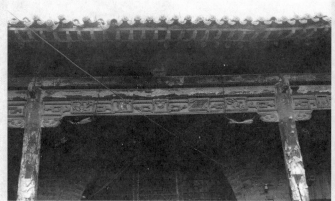

图5-36 "巩固"院檐廊

图5-37 "巩固"院檐廊细部

图5-38 "巩固"院檐廊雀替

"巩固"院内檐廊(图5-36)为三间四柱。檐下共有斗栱七攒(图5-37),斗栱的正面耍头同为龙头,侧面耍头以草纹装饰,周身饰以彩画,经过多年的风雨过后只剩下不多的墨色。斗栱上部的檩条和下部的额枋也都漆有彩画,仍依稀可辨其内容,以蓝色为底色,恰似水面,其间生有莲花,朵朵莲花金叶白花,姿态优美。为与上部的斗栱相呼应,柱上的枋头(图5-37)也被雕刻为龙头形状。

"巩固"院檐廊最有特色部分同样的为柱间雀替(图5-38),好像是一幅幅长卷,雕刻有多幅吉祥物件,并以回字纹连通。内容有茶杯、香炉、花瓶、如意、茶壶、竹简、棋盘、书本、卷轴、竹筒等,并不重复,以祈福述志。

二、凿石以为桩基柱础

1.柱础

最初的木柱都是直接落地,但是由于地面潮湿或者其他原因容易损坏腐败,使得柱子乃至房屋的安全性受到威胁。为保护木柱,出现将其他材料(多为石材)垫于木柱底部的做法,形成了我们现在所常见到的柱础。经过一代代的能工巧匠的细心雕琢,柱础逐渐成为我国古典建筑中不可或缺的一个组成部分,满足功能需要的同时,也为历代的能工巧匠提供了另外一种可以挥毫泼墨的画布。柱础的式样比较多,几乎可以由匠人自由发挥,比较常见的有束腰式、鼓镜式、墩柱式以及多角柱础,也有直接以动植物等形象的石雕为柱础的做法,并且在实际的应用中可以由两种或者两种以上的种类拼合而成,变化极为丰富。

师家沟村中的柱础多为鼓镜式与束腰式,每个柱础都经过精雕细琢,数百个柱础即为数百幅画卷,或民俗礼教,或山川风景,或花鸟鱼虫,或人物故事。

"成均伟望"院落群组的工房院台阶上摆放了一摞鼓形柱础(图5-39),其柱础直径与高度的比例大约为3:1,比较低矮,这些柱础应为房屋破损后收集在一起的,有纯粹为鼓形的,也有莲花倒座纹样装饰的,造型简洁的柱础堆叠在一起也别样有趣。

"成均伟望"垂花门柱础(图5-40)以莲花束腰为底座,每个莲花叶瓣之中又有一莲花图样。其上为一鼓形柱础,高宽比接近1:1,鼓身上雕有麒麟两对,互相捧一寿字,跳跃在祥云之中。

图5-39 "成均伟望"院内收集的柱础

图5-40 "成均伟望"院垂花门柱础

"成均伟望"院落檐廊为四柱三间，每根柱下垫一鼓形柱础（图5-41），鼓身雕刻精美，雕饰内容各不相同，两根边柱柱础周身饰以莲花纹样，姿态各异，开放在祥云彩带之中。另外两个柱础的鼓身均被分为三幅小画卷，每幅画卷内容不一，仍以植物纹样为主，莲花牡丹争奇斗艳，并各自有仙鹤鸟雀前来助阵，雕琢出一幅热闹的吉祥画卷。

图5-41 "成均伟望"院檐廊下柱础

"观国光"院檐廊为三间六柱，每根柱下垫有鼓形柱础（图5-42），左右对称共为三对，每个柱础被划分为四幅画卷，分别以不同内容雕饰，一对雕有狮子、大象、牛、马，一对以琴棋书画四种文房宝物为装饰内容，另外一对以寿桃、柿子、石榴等瓜果图案为饰，内容丰富，雕刻精细。

"大夫第"大门柱下的两尊柱础（图5-43）形状似乎并无什么特别之处，底座为莲花束腰式，上部为鼓形。莲花与如意的形态被工匠完美地结合在一起而形成了莲花底座。线

图5-42 "观国光"院檐廊柱础

图5-43 "大夫第"院大门柱础

图5-44 "大夫第"正房二层檐廊柱础

图5-45 "大夫第"倒座柱础

图5-46 "东山气"院内垂花门柱础

图5-47 "瑞气凝"院垂花门柱础

图5-48 "敦本堂"垂花门柱础

条呈现一种古拙之态,整个鼓身被分为多幅小画卷,雕刻内容以动物为主,有飞奔于松林间的骏马,也有在古松下玩弄绣球的雄狮,形象生动,似乎也能带来更多的福气。

"大夫第"正房二层的檐廊为四柱三间,柱础(图5-44)为鼓形,鼓身只做朴素的纹饰,内容以花草纹样和如意纹样为主,巧妙地将这两种纹样互相缠绕而结合,成为一个整体,组成一幅幅素雅的装饰画。

"大夫第"倒座为木构,三个开间之间有两根木柱,柱下同样为鼓形柱础(图5-45)。柱础上凿有凹槽,以镶门槛。其雕刻风格与院落大门下柱础相近,但雕刻内容却以植物为主,牡丹古树纹样清晰可辨,古树枝叶变化为云彩形式,更显吉祥。

"东山气"院内垂花门柱础(图5-46)与"瑞气凝"大门柱下柱础(图5-47)都为束腰鼓座式,唯其鼓座与下部的基座部分比例不同。"东山气"院内的柱础较扁,鼓身与下部基座比例约为2:1,而"瑞气凝"院内柱础的这一比例则要更大,下部底座皆以如意纹为饰。前者的上部鼓身通体雕刻有植物纹样，而"瑞气凝"院内的柱础上部鼓身被分为三幅小画卷，雕有竹筒、卷轴、书卷等，均以锦带束之，以表达院主人的追求。"敦本堂"垂花门柱础（图5-48）为束腰鼓座式，上半部分为较矮的鼓座，下半部分同样为如意纹装饰，只可惜雕刻内容已被多年的风雨冲刷殆尽，无法辨认。

2. 门墩石

门墩又称门座、门台，是中国传统民居中的特色构件，位于大门底部，主要起支撑门框、门轴的作用，整体称为门枕石，而门外部分称为门墩，主要有箱型和鼓形（抱鼓石）两种。抱鼓石主要由竖起来的抱鼓、鼓座以及须弥座三部分组成，鼓面雕有龙凤莲花等吉祥图案。而箱型门墩造型相对简单，大多为精雕细刻的箱体置于须弥座上，更精致的一些顶部会有石雕，一般为石狮。

师家沟古村居住建筑中的外宅门一般并不精致，普遍较为朴素，只有少量的装饰，甚至很多院落的外宅门都只有洞而无门。因此在师家沟的街巷中大门两侧精致的门墩石并不多见。但是每进院落内部的垂花门却极为精致，或木构，或砖雕，都是一件件不可多得的艺术珍品。有精美的大门，则必定少不了门墩石与其相称，一对对雕刻精致的门墩石分列于入口两侧，精美的装饰既是构造的需要，也是院主身份的体现。

"成均伟望"大门外这对抱鼓石（图5-49）上各附有一只雄狮，鼓面上的画面内容为水中矗立起一间亭子，一条蛟龙腾于大浪之中。鼓面周围有鼓钉装饰，鼓身则雕刻一只掩映于丝

图5-49 "成均伟望"院抱鼓石

带之中的雄鹿。鼓身坐在须弥座之上，鼓座四角各有一只小狮子，与须弥座连为一体。底座方墩的画框中正面刻有麒麟正面像，侧面则为麒麟戏珠装饰，雕刻手法细腻，仿佛一群活生生的瑞兽在此为院主守护平安，并祈求富贵。

图5-50 "瑞气凝"院抱鼓石

"瑞气凝"主院大门处的抱鼓石（图5-50）形制与"成均伟望"院内抱鼓石相同，但雕刻内容不同。抱鼓石上所附雄狮已被损毁，鼓面内容也难以辨认，依稀可见植物纹样，但鼓身上的蝙蝠灵芝图案依旧清晰可辨，谐音"偏福临之"，为主人祈福。底座正面画框内为麒麟腾于云海，以求财源广进；侧面为雄鹿奔于林间，为院主带来富贵福禄。

图5-51 "大夫第"箱型门墩

"大夫第"门外有箱型门墩（图5-51）一对，两侧门墩上各坐一雄狮，雄狮做怒吼状，右侧雄狮脚下踩一绣球。底座方墩正面雕有雄鹿一只，脚下踩踏祥云，侧面雕一株古树，另一门墩石底座上雕刻牡丹，以求大富大贵。

图5-52 "东山气"垂花门门墩石

"东山气"院内箱型门墩石（图5-52、图5-53）上各卧一只小狮子，底座较高，每面周围有卷草纹以及金钱纹样的画框装饰，并刻

图5-53 "东山气"垂花门门墩石细部

有两幅图画，皆为阴刻浅浮雕，内容有麒麟串钱、麒麟嬉戏、雄狮以及植物画作，都是能为院主带来富贵的祥物。

"竹苞院"门墩石（图5-54）上部已经残缺，所幸箱型底座完好无损。两个底座外露的四面被分割为八个画幅，相同位置使用相同纹样作为画框，并以回字纹作为分割。其中正面上半部分以连续万字纹作为画框，分别雕饰牡丹与莲花，分别寓意一直富贵、一直清廉。下半部分以斜纹作为画框，内容分别为林中鹿、松下鹤，鹿谐音同"禄"，是较为常用的装饰题材；仙鹤长寿，与古松在一起则可作为延年益寿的象征，同时还有祥瑞之意。两侧门墩石的侧面上半部分以植物纹样作为画框，内容分别为灵猴送桃与竹，灵猴送桃即灵猴献寿，寓意长寿，同时猴还谐音"侯"，有加官晋爵节节高升之意，竹子同样有节节高升之意，同时常被用来表述气节；下半部分以回字纹为画框，内容分别为喜鹊闹梅、一

图5-54 "竹苞院"门墩石

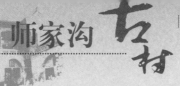

图5-55 "瑞气凝"院内方形门墩　　图5-56 "东山气"院内门墩石

株兰花。前者取其意喜上眉梢,而后者则用以表述主人自身的道德情操。八幅画卷分为四组各自成对,既有院主对人生抱负的追求,也有其对美好生活的渴望。

除了这些抱鼓石和箱型门墩外,更多的是小型的方形门墩,雕刻内容以植物纹样为主,配合有云纹、草纹或者如意纹等,其装饰风格较为朴素,大多被放置于等级不是很高的院落门外。

"瑞气凝"第二进院落大门外有两尊方形门墩石(图5-55),仅在正面装饰一朵牡丹,四角有如意纹样,再无其他装饰,朴素典雅。"东山气"院落群内每个院落入口处皆有门墩石(图5-56)一对,形制规格完全一致,正面雕刻有植物纹样,雕刻手法拙朴,简洁雅致。

"理达"院门口的两尊门墩石(图5-57)相对精致许多,每块方形门墩上各卧小狮子一只,可惜如今只剩下一只。在岁月侵蚀下,留下的这只也已不见昔日的威风,庆幸的是其座下的方形门墩依旧完好,两侧门墩的正面皆雕有麒麟一只,形态各异,都昂首挺胸,威风凛凛,镇守宅门的同时为院主招财进宝。

图5-57 "理达"院门墩石

3.拴马石与上马石

拴马石也称拴马桩,在我国北方居住建筑中较为常见,原本是乡绅大户富裕之家拴系骡马的条石,多是一人高的石柱,立于大门两侧,成为民居建筑中的有机组成,有装饰点缀之用,也被赋予辟邪镇宅的意义,同时象征院主身份,被形象地称为"庄户人家的华表"。

在"成均伟望"院外有一对拴马石(图5-58),一米来高,柱身有斜纹装饰,每尊石柱顶端搁一案几,案几上立一小狮子,斜视前方,甚是威风,数百年来不分昼夜地为院主守护家园。

在"东山气"院落群组内的过道中的上马石(图5-59)呈台阶状,正面以斜纹为画框,侧面以斜纹装饰,典雅朴素,上部为一支莲花傲然挺立,象征"上马人"一生清廉的人生追求,经历风吹日晒仍旧可辨。

4.滚墩石

"巩固"院内留有一对滚墩石(图5-60),这一构件常用在影壁、屏风

图5-58 "成均伟望"院拴马石

图5-59 "东山气"院上马石

图5-60 "巩固"院内滚墩石

等隔断以及垂花门处,是安装柱子,稳固上部影壁屏风等构件的底座。据村中老人口述,在师家鼎盛之时,每逢节日喜庆之日,便会在院内布置精美座屏一个。座屏为屏风中最为华贵的一种,可惜现今只剩下这对滚墩石。这对滚墩石形象与抱鼓石有些许相像,不同的是抱鼓石一侧为石鼓,另一侧安装门扇,而滚墩石却是在两侧镶嵌有一对石鼓,基座内侧刻有凹槽,以插入屏风。整个基座从下部的须弥座至上逐渐收缩,上部水波的弧形轮廓与鼓身的弧形完美地结合在一起。鼓面两侧各为一圆形寿字,鼓身上则雕刻一兽面,口中衔一圆环,与大门上的门环铺首类似。其优美的造型,细腻的雕刻都在宣示院主高贵身份。

三、凿砖以为花虫纹饰

1. 墀头

墀头,俗称腿子,又称墀头墙,是传统建筑中房屋山墙伸出檐柱外的部分,本为连接屋盖与墙身的构建,多做有砖雕装饰,成为古建筑中重要的装饰部位。由于窑洞结构中并没有屋盖与墙身之分,因此墀头多见于砖木结构建筑中。师家沟古村居住建筑以窑洞为主,但每组院落的倒座房皆为砖木结构,部分厢房也是砖木结构,因此墀头的总体数量较少。师家沟古村的每个墀头都经过工匠的精心雕琢,成为建筑装饰中重要的一个部分。

"成均伟望"倒座房不仅正面有墀头装饰(图5-61),在背面也伸出两具墀头。左侧墀头竹节画框中一人偶双手置于腰间,顶部两幅小画框内为花草浮雕,右侧画框中人像手摇羽扇,顶部浮雕为莲花,最下端雕刻有须弥座形象。人偶装饰多为官家所用,是主人

图5-61 "成均伟望"院倒座房墀头一　　　　　　图5-62 "成均伟望"倒座房墀头二

身份的一种体现，竹与莲则常用来彰显院主高尚的道德情操与精神追求，同时竹还有节节高升之意，也因此为希望在仕途上有所作为的人所喜爱，荷花则更是因为其"出淤泥而不染"的高贵品质成为仕途人士对自己人生的勉励。

"成均伟望"院倒座房正面墀头（图5-62）两侧人偶形似财神，一手捧元宝，一手捋胡须，身旁两座宝瓶插有如意牡丹，牡丹怒放，构图以回字纹、元宝等多种纹样作为画框。雕刻内容则多与富贵财宝相关，表达出院主的追求。

"观国光"院落两侧厢房为双坡木构，墀头（图5-63）雕饰各不相同。西北侧厢房墀头下部为麒麟，脚蹬如意，并有莲花纹与回字纹装饰，上部分别为书本、竹简、卷轴以及案几等文房用具，反映出主人的人生追求以及修养。东南侧厢房的墀头下部为狮子与如意，上部四小幅依次为马、牛、羊、鹿四种动物，是农耕时不可或缺的帮手。这两组墀头的内容正好应了师家官贾结合、耕读传家的传统。

图5-63 "观国光"院厢房墀头

图5-64 "瑞雪"院墀头　　　　　图5-65 "大夫第"正房墀头

　　"瑞雪"院内建筑为单坡木构，厢房与正房连为一体，两端各一墀头（图5-64）。在两侧墀头下部皆凿有花卉一朵，上部分别为石榴、寿桃、葡萄等四种水果。石榴、葡萄等瓜果图案是墀头装饰中较为常见的，因为其多籽多果，自然与多子多福联系起来。据《庄子·天地》记载，尧巡游到华地，华地的封守者前来迎接，说道"圣人来了，为圣人祝颂，祝圣人长寿，祝圣人富有，祝圣人多子"。此即华封三祝。其中，仙桃是长寿的象征；佛与福、富谐音，故寓意为多福、富有；石榴多籽，寓意多子多孙。佛手、桃子、石榴三者组合而形成传统装饰中常见的三多图案。"大夫第"正房的墀头（图5-65）装饰中也使用三多图案，下部各雕饰莲花一朵，并以回字纹为框。

　　"大夫第"倒座为木构，双坡屋顶，两侧墀头（图5-66）雕刻异常精美，雕刻内容以动植物为主，并以回字纹装饰，上部四幅小画分别为喜上眉梢、灵猴

图5-66 "大夫第"倒座房墀头

图5-67 "竹苞院"倒座墀头　　　图5-68 "竹苞"院大门墀头

献寿。其下部各一枝牡丹亭亭独立，取义"一直富贵"。

"竹苞"院内倒座房墀头（图5-67）雕饰内容以动物为主，上部两幅小画框中各有一匹奔驰的骏马，其下麒麟一只，并在墀头的下端有须弥座的装饰。"竹苞"院入口处墀头（图5-68）与村中其他的墀头装饰略有不同，在弧形墙面上下两端各一幅画框。上部两幅画面皆为一童子手持莲花，或坐于莲花之中，或立于荷叶之上。莲花或荷叶上坐一男孩，取义"连生贵子"。是山西民间常用的吉祥图，祈盼多生男孩，儿孙满堂，子嗣兴旺；同时希望子孙成龙，腾达升迁，光宗耀祖。两座墀头下端皆为麒麟，并有莲花以及草纹装饰，以求富贵。墀头下端又多出一幅画框，其中麒麟脚踏祥云，为院主送来富贵与财富。

2.吻兽

与墀头柱础等构件一样，吻兽也是我国古建筑装饰文化中重要的构造装饰构件，其构造是为了对正脊两端的木构件榫卯施加压力使其结合紧密，而在一步步的发展中逐渐演化出多种形象，成为建筑装饰文化中的重要组成部分。按照位置可以分为正脊两端的正吻、垂脊和戗脊端部的垂吻和戗吻以及转角处的合角吻。其中正吻是指等级较高的建筑正脊两端的吻兽，若是建筑等级较低则称为望兽。

山|西|古|村|镇|系|列|丛|书

图5-69 "成均伟望"院内吻兽

师家沟所见到的吻兽大都为鸱吻，姿态各异。传说龙生九子，作为脊兽的鸱吻正是九子之一，相传鸱吻住南海，能喷水成雨。对于中国传统木构建筑来说火无疑是最大的敌人，将鸱吻装饰在屋顶之上有镇宅驱邪之意。

"成均伟望"院内吻兽（图5-69）便有多种姿态，有的龙头微抬、双目圆瞋、仰天而啸，好不威风；有的同为仰天长啸，但是脖子更长且身上覆有鳞甲，不像前者以花纹饰身，并生有翅膀；有的龙首形象则更为有趣，仰望天空，更像是一个老谋深算的军师，生有双翅，似乎比其他吻兽更为高贵；还有的龙口大张，但龙身较短，龙身装饰又有不同，其胡须从唇下垂下并一直搭上屋脊，并在末端化为水纹。

图5-70 "大夫第"院吻兽

图5-71 "流芳"院吻兽

3. 照壁

照壁是我国传统民居建筑中特有的部分，在明朝时很是流行，其位置有正有反，最常见于进入大门内正对大门的轴线上，古人称之为"萧墙"。关于其起源说法不一，一种说法是在古代，人们认为会有鬼怪来拜访自家住宅，因此在鬼怪所经之路上修建一堵墙以阻挡其进入；另外一种说法是照壁是受到我国古代风水学说的影响而产生的一种特殊建筑形式，也称"影壁"或者"屏风墙"，在风水中，房屋的建造布局讲究导气，气不能直冲厅堂居室，否则不吉，为避免"气冲"，便在房屋大门内修建一堵墙；又为保持"气畅"，这堵墙不能完全围合，因此形成了照壁这种建筑形式。在实际功能上，照壁可以起到遮挡视线的作用，在不使空间完全闭合的情况下增强院落的私密性。

砖石影壁壁面的处理手法主要有两种，一种加有雕饰；另外一种则没有雕饰，称为素面影壁，加工极为细致，并且设计巧妙，利用不同的砌法与布局，同样创造出多样的影壁形象。

师家沟古村内并不见独立结构的照壁。独立照壁要求院落形制对称规整并有足够的平地面积，而这种典型的布局在师家沟古村内并不容易实现，村民大多选择将照壁镶嵌在围合院落内或者是划分室内外空间的墙壁上，称为坐山照壁。

"大夫第"院内正对大门的倒座房山墙上镶嵌有坐山照壁（图5-72）一座，这种将照壁与倒座房相结合的做法在师家沟比较常见。因为进入宅门后即为进入主院的巷道，这

图5-72 "大夫第"院内照壁及其细部

图5-73 "成均伟望"影壁及其细部

一节点自然成为阻挡不祥之物的最后关卡。"大夫第"院内影壁为砖质素面影壁，不加雕饰，以斜砌的方砖形成自由的韵律。其下部则饰有须弥座，如案几。

"成均伟望"院的影壁（图5-73）雕有稍许的装饰，并且其砖石的砌法也有不同，每块方砖上都有回字形的纹路，并且角角之间又有砖缝相连，这些方砖组合形成了类似龟背的图案。照壁四角的三角形部位雕饰植物花卉。下部同样有须弥座的雕刻，虽然简单，但韵味十足。

"东山气"院内的这处坐山照壁（图5-74）是镶嵌在大门一侧外墙上，照壁的壁面冲向院内。装饰朴素，上端直接顶到外墙上沿，有滴水瓦当作遮蔽，整个照壁三十六块方砖沿水平竖直方向各砌六块，砖缝又将这一大的方形划分为六六三十六个小方格，取意六六大顺。

图5-74 "东山气"院内照壁

图5-75 "成均伟望"院内屋脊装饰全貌

图5-76 "成均伟望"院内屋脊装饰细部

4. 屋脊雕饰

屋脊的主要作用是压住屋顶边缘的瓦片，但是在后来的发展中，屋脊逐渐成为建筑装饰中一个重要的部位，往往与吻兽形成一个整体。其装饰内容以植物纹样为主，其中以莲花、牡丹花使用最多，不同的地方的工匠塑造出的花卉形象各不相同，深受地方文化的影响。

"成均伟望"院落群组内屋脊装饰（图5-75、图5-76）以花型砖雕为主，两块砖雕拼

图5-77 "瑞雪"院屋脊装饰细部

为一对,重复组合。花砖雕刻形态多达六七种,姿态各异,竞相开放。雕刻内容以牡丹花与荷花为主,均寓意吉祥。

"瑞雪"院的屋脊装饰(图5-77)以荷花和牡丹为主要内容,花卉之间的枝叶更为精致,荷叶与牡丹花的枝叶有规律的相互交叉,更添几分生动。在屋脊的转角处还有一朵菊花装饰,这在师家沟内并不常见,菊花的花瓣共三层,层层相叠,形似放出光芒的太阳,两侧饰有云纹与水纹,形象突出。

5. 砖质匾额

山西民宅中历来有门上悬匾的传统,并且已经成为其民居中的一个重要组成部分,尤其是在外宅门上多以砖石雕刻匾额。这样的做法在我国很多地区都存在,门匾都由擅长书法的当地名流或院主本人所题写,再由技艺精湛的石匠镌刻。字意多为宅基风水、祈求家运、教化励后、驱灾避邪之类。一般为四言居多,五言、三言为少。师家沟古村却多为二字匾或者三字匾,字虽少但意更浓。

图5-78 其他屋脊装饰细部

"成均伟望"二层院落入口处匾额"观国光"匾（图5-79）是三字匾。字体为楷体，端庄秀雅，周边以卷草纹为边框。"观国光"三字取自宋代诗人李若水的一首七言绝句《赠陈承务》："陈侯半世耽文章，再随计吏观国光。"

"瑞雪"匾（图5-80）位于"成均伟望"院落群组三层次入口处，朴素无华。匾内字体为秦桧体，用笔率意自然，松脱舒畅，结字顺势而就，不滞不板。

"瑞气凝"匾（图5-81）刻于"瑞气凝"院落群组主入口处，字体圆润，为阳刻，并以回字纹为框。"瑞气凝"三字则出于唐代诗人温庭筠的一首七绝诗《车驾西游因而有作》："宣曲长杨瑞气凝，上林狐兔待秋鹰。谁将词赋陪雕辇，寂寞相如卧茂林。"

"大夫第"院落入口处并没有砖质门匾，但在正房墙壁上有多处砖雕匾额。"循礼"、"处善"（图5-82）一对二字匾作为对后世为人处世的训诫。"处善"、"循理"出自汉代大儒董仲舒《天人三策》第三策中"明于天性，知自贵于物；知自贵于物，然后知仁谊；知仁谊，然后重礼节；重礼节，然后安处善；安处善，然后乐循理；乐循理，然后谓之君之。"一句。后来朱熹《论语集注》又根据这句话提炼出"好礼则安处善，乐循理"这一警句。后世的书香

图5-79 "观国光"院门匾

图5-80 "瑞雪"院门匾

图5-81 "瑞气凝"院门匾

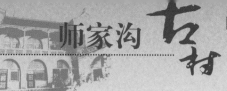

图5-82 "大夫第"院内砖质二字匾额

之家就把处善循理作为一种人生处事原则。

院内正房二层的栏杆处有三字竖匾"敦善行"、"留有余"、"勤补拙"、"俭养廉"、"怀永图"、"修□德"（图5-83）共六幅，均为对后世的警言，字体洒脱，为行书阴刻。

"东山气"、"北海风"（图5-84、图5-85）分别为一组院落前后两个入口处门匾，"东山气"位于院落内巷道西南端，"北海风"位于巷道东北端，字体同为阳刻行书，飘逸洒脱，并无太多装饰。"东山气"出自于杜甫的五言古体诗《奉同郭给事汤东灵湫作》的第一句"东山气鸿，宫殿居上头。君来必十月，树羽临九州"。"北海风"则与"东山气"有同构之意。

"南山寿"（图5-86）为"竹苞"院次入口门匾，内容与"东山气"、"北海风"是为一组，其装饰较之前两者更为精致，字体为阴刻行书，以连续万字符为装饰，以求万福连绵。

"竹苞"院主入口门洞上方刻有匾额"竹苞"（图5-87），其边框处理极为精致。内外边框雕竹枝，刚好对应了"竹苞"二字。而两层竹枝之中更是精妙，六位童子怀抱莲

图5-83 "大夫第"院内砖质三字竖匾

图5-84 "东山气" 门匾

图5-85 "北海风" 门匾

花环绕四周,莲花或盛开,或含苞,加上形似如意锦缎的莲叶,一幅精美的图画在能工巧匠手下诞生,为师家求得一分福气。"竹苞"二字出自《诗经·小雅·斯干》中"如竹苞矣,如松茂矣"句,常被用来颂扬华屋落成,家族兴旺。

图5-86 "南山寿" 门匾

"务本"匾(图5-88)位于"务本"院主入口处,雕刻风格别具一格。整个匾额被雕成书卷形式,增色不少,两个行书大字"务本"跃然"纸"上,以教导后人朴实务本。"务本"本意有两种,一指致力于根本。《论语·学而》中有言:"君子务本,本立而道生。孝弟也者,其为仁之本与?"《礼记·学记》中也有:"三王之祭川也,皆先河而后海,或源也,或委也,此之谓务本。"二指务农。《管子·禁藏》:"故先慎于己而后彼,官亦慎内而后外,民亦务本而去末。"《汉书·文帝纪》:"农,天下之大本也,民所恃以生也。而民或不务本而事末,故生不遂。"在这里"务本"无论取哪种意思都符合师家"耕读传家"的治家理念。有趣的是师家沟村落中有三间院落同叫

图5-87 "竹苞" 院门匾

图5-88 "务本" 院门匾

图5-89 另一"务本"院门匾

图5-90 "巩固"院门匾

图5-91 "树德"门匾

图5-92 "流芳"门匾

"务本"（图5-89）院，但是这块门匾无疑是其中最精致的。

"巩固"院门匾（图5-90）位于"巩固"院落群的西侧门洞上方，"巩固"院为师氏家族最早建造的院落，"巩固"二字则取"巩固家业"之意。"树德"匾额（图5-91）为"巩固"院落群祖宅的外院门匾，"树人先树德"则是千百年来贤人处世的不变箴言。

6.窑洞女儿墙装饰

窑洞的屋顶基本为平顶，安全起见需要设置女儿墙，同时这道女儿墙也可使房屋立面各部分之间的比例更为协调。师家沟古村的窑洞顶部女儿墙或护栏多以漏窗装饰。漏窗作为常见的建筑装饰，其间蕴含着劳动人民丰富的创造力以及美化生活的愿望。所用材料全是最常见的建筑材料，有的甚至是废料，一块方砖或是一片薄瓦，经过工匠一番别出心裁的摆布，便成为一幅幅独具韵律的图案，不同的排布方式产生不同的韵律，使得原本单调平淡的墙面顿时多了生气。这些漏窗的使用也并不纯粹是出于装饰的考虑，在建筑材料的搭接中会产生空隙，则可以节约大量的建筑材料，并减轻自重。

师家沟古村内漏窗多以锦式图案为饰，兼有少量的花格式和栏杆式。漏窗的

图5-93 "涵辉"门匾

图5-94 "进福"门匾

装饰部位多有两处，一是二层走廊的栏杆，二是墙头装饰。

"大夫第"正房二层走廊的栏杆即以漏窗为饰，三间划分为六段，用四种不同的漏窗（图5-95）填充，分为两组。其中一组以梅花作为装饰母题，但采用不同的排布规律产生不同的韵律；另外一组正中以条砖排列成步步锦图案，两侧仍以梅花为主要构图元素，正中一朵完整腊梅形象镶嵌在八边形内，四角则各有一片花瓣。条砖与花瓣形的弧形砖在此被工匠巧妙地运用，创造出了四幅独具韵律的画卷。

"竹苞"院正房的二层栏杆也用漏窗的装饰（图5-96），

图5-95 "大夫第"栏杆装饰

图5-96 "竹苞"院栏杆装饰

共五段，以条砖和半圆形的瓦片组合而成，形式简洁，独具韵律。并且每隔一段调整构图元素的上下位置，使得整体并不显得单调。

墙头漏窗在师家沟的民居装饰中极为常见。"巩固"院西北侧的外墙上共有漏窗（图5-97）十二孔，每孔装饰图案各不相同，有花式、波纹状、金钱锦等图案，形象丰富有趣。

图5-97 "巩固"院外墙装饰

图5-98 师家沟村常见女儿墙装饰形式

附 录

附录1 师家沟师氏家族清代和民国重要人物一览表

世序	姓名	学历	官衔	品位	备注
三	师法泽		乡饮耆宾		
四	师登云	副贡生	奉政大夫、文林郎	正五品、正七品	
四	师自省	监生	儒林郎	从六品	
四	师奋云	增生	议叙国子监典籍	正七品	
四	师福明	监生			
四	师凌云	武生			
四	师彩云	增生	修职郎	正八品	侯铨武学训导
五	师鸣凤	廪生	湘乡知县、宝庆村同知	正七品、正五品	
五	师玉奎	监生	孝廉方正	六品	举荐备任官
五	师玉音	监生	儒林郎	从六品	
五	师鸣盛	学生	九品顶戴	九品	
五	师鸣皋		从九品	从九品	
五	师玉常	副贡生			
五	师玉典	监生			
五	师玉亲	监生			
五	师鸣銮	监生			
六	师炳成		议叙监运司知事	正八品	
六	师缵成		州同、六品顶戴	从六品、从五品	
六	师克昌	监生	千总	正六品	
六	师玉成		议叙八品	八品	
六	师公辅		军功六品顶戴	六品	顶戴加高半领
六	师元辅		军功六品顶戴	六品	
六	师存珍		从九品	从九品	
六	师旌辅		从九品	从九品	
六	师龙辅		从九品	从九品	
六	师佐辅		从九品	从九品	

世序	姓名	学历	官衔	品位	备注
六	师功成		议叙从九品	从九品	
六	师化成	议叙国字监			武职并武名医
六	师存心	监生			
七	师庆松	议叙贡生	议叙九品	九品	
七	师庆元	议叙国字监			学历次于监生
七	师彦成	拔贡	州判	正六品	有著述
七	师庆椿	监生			
七	师启鹏	监生			
七	师庆梅				名医
七	师庆富	武生			

附录2 师家沟要氏家族清代和民国名人一览表

世序	姓名	学历	官衔	品位	备注
一	要复禹	生员			
二	要自有	监生			
五	要广居	生员			
七	要绍溪	监生			
八	要逢源	生员			
十	要士旅	生员			
十一	要学昌		九品	九品	
十一	要学泰	武生			
十一	要学勤	儒业			
十二	要连登	生员			
十二	要连桂	生员	县佐	正八品	
十二	要连元		主教职		许村书院主教职
十二	要连科				医生

附录3 师氏家谱选录

1. 新师氏家谱序

告知后世言

家谱传到弟八世，原是馨法叔父管。
七四年间父病故，师门家谱无人问。
婶藏家谱给了我，你父在世说的明。
家谱交我交给你，由你一世往下分。
当时我心不想管，看来家谱要失空。
再说文化自有限，找了几人都不通。
无法我把孟生叫，孙口叔弟你也听。
老人传到第八世，九世不能失了踪。
三人顶一诸葛亮，袖手旁观理不通。
文化有限字有白，尽力而为传后代。
原有家谱添上页，还照前世往后接。
前世依辈排行写，这家拉到那家中，
一家兄弟分几面，后世观看分不清。
为了后世能明白，才从八世分枝开。
各门一枝往下排。
如有后世观看难，另有小本七字言。
若要七字顺口诵，自根到梢都了然。
公元一九三八年，正月初旬续后边。

民国岁在癸亥年正月初旬
师容贤抄/编 现年五十六岁

2. 旧师氏家谱师奋云序

祖世家谱遗言

甲子乡试，余肄业晋阳书院，功课之余以文会友。一日与阳曲贡生魏子厚、襄陵举人徐士萼、翼城举人王兆昌诸兄呼童携酒，游观五台山已，把酒题诗，口口乐也。已而尚论文昌十七世之事迹（小五台有文昌阁），谈及帝王千百之世系，自古在其史，及于今，而诸兄所言始终本末皆散，口人可援。余未能也，窃自愧。于秋闲后旋归故里，念友人之高谈，考本族之友口口族长询之诸祖始（兄未有能口）（患言之者于是注家谱一本上自曾祖始）。虽不能列序先辈之位次，知足口闻贤子后人之知识，耳闻渊明。云悟已往之，不见知事者之可追，此之谓也。后之览者亦将有感于此文。

嘉庆丁卯岁夏四月上澣师奋云横贷氏序

3.旧师氏家谱师五常志

水之有源也,木之有本也,至于人何独不然?常见乡之人舍其祖宗之名号,茔塚茫然莫辨,盖知有身而不知身之所由来,知有家而不知家之所由起,噫,良可叹也!我胞叔横贷有鉴于此,始立家谱册,上有高祖,下达子孙,其间名号姓氏以及茔塚所在、享年若干、功名显达无不悉载。法至良也,意至美也。夫事有倡之于前所要必蹈之于后。我后辈亦当依次详载后事,勿替俾异。世知世代之盛衰,考宗支之远近,睦宗族叙彝伦,即在是矣。甲寅春有感于怀,因本前序之意以推广其说。奈词不达意,不能畅所欲言,后之人其亦究心于此也夫。

咸丰四年岁在甲寅新春囗日师五常微轩氏志

4.旧师氏家谱师五常自记

余家旧有家谱一册,藏囗敦厚堂宅甲寅春取而阅之。见其所注各名下多有疏漏,因与儿彦成补其缺略,增其不及。又命囗另注此本,从新腾录比前较为加详,珍而藏之,以便后之阅者了然。

咸丰五年十一月冬微轩氏自记

5.旧师氏家谱师五常后序

自咸丰五年迄同治七年运会为之一变,其间死者死、生者生、少者壮、壮者老,转盼之间,感慨系之,于是重加增补,死者系之以年月,生者标之以名字,后又分列老四门,以备来者查考。囗三世以前所闻囗者也,三世以后所见知者也,至七世不得而知也。识者编年纪月留心添注所深囗囗。

同治八年正月囗后之日微轩氏记(时年已七十矣随笔有四句)

世居汾邑师家村,九族原来一本根。
瓜瓞绵绵难辨别,故将祖宗分四门。

6.旧师氏家谱师鸣凤序

派分那许爽毫厘,水木原流系我思。
况值云礽瓜瓞日,正当雁序蝉联时。
他年宣壁究难认,此日成编囗其披。
幸有东山绵以续,从今百世亦能知。
作宰湘南几念年,归详世系倍留连。
溯源恍见家声远,展卷犹疑治谱传。
序别尊卑乙乙,缵成继述纠绵绵。
披衾默想宗功厚,且喜身衣画锦旋。

余向囗家,乘癸酉秋五叔父横贷先生自晋阳归,详考世系,编次成帙。时凤笙任湘南,未囗参校。咸丰癸丑引见后都门抵里庄,诵四环为亲囗囗爱职七律二章,聊以志感云。

咸丰甲寅之春三月念日捂岡师鸣凤沐浴谨跋
民国岁在甲戌秋七月囗日师馨德抄

附录4 要氏家谱序

追志要氏家谱序

　　从来家之有宗族，犹水之有分派、木之有分枝，虽远近异势，疏密异形，要其本源则一。故上而天子王侯，下而士民凡众，皆有一本九族之先谱，以为追考，然必振于其始也而后克继乎其终。今我要氏，历代相传，年深日久，分派只见其横流而宿海莫考，枝叶惟览其茂盛而根本无稽。虽欲口之末由也，已然远者虽不可追而近者则有可考。孟子云，苟为不畜，终身不得。诚哉，是口也。今惟于可口可考之间，敬举历代之相传，枝派之所属，详为注释以为后人之铭心不忘云尔。

　　余家系山西平阳府，后又属霍州管辖汾西县崇永坊五甲民籍，世居城内，祖茔在东门外泰山庙，口坟墓依次年深日久嗣末不能明晰其数。可稽考者，敦义坊店头三甲要氏，春秋祭之嗣末，询访得而略口其地。余始祖复禹亲游于东乡之师家沟村，观其村之向阳，山明水秀，景致优雅，龙虎二脉累累相连，目观心思以为可久居之地焉，于是以起移居之心，遂有迁乔之志。自明末而起此心，清初而移居斯地，祖宗茔墓代代相传，有志同气连枝，因此甚为不乱。不意光绪丁丑岁逢大祲，户族流离失所，故不口口岁而家薄。口无人经理继续，迄今七十余年矣。民国以来世事不时变迁，后代子孙颇为繁多，自连字以下各自随便，观其名字似乎一盘散沙，不免有孙犯祖讳、子冒父名之咎，此我要氏之缺点、失败之原因也。余每念及此，于民国丁亥之新正初一日，口尊长叔父学和口族兄弟等共同商议，效明朝朱氏之救失败，组织二十字以为后嗣起名起字之所依，团结乎一本以为后嗣兴户兴家之要术。自此以后再不能有孙犯祖讳子冒父名之弊也，虽有前作后述之语，而余不过糊述一气，是年六十有七。虽云继续，双目昏花，字行难免歪斜，两手并战，笔画多有浮空，后嗣能文者哂之。

十一世孙户长　学和
十三世孙户头　景/凤岐
十二世孙　洗叙
民国三十六年岁次丁亥新正月初旬续

要氏后代子孙起名依次团结户族二十字数千万不可紊乱
采书秀玉殿　三光步斗安
寿永如青守　五子培国天
奉先思孝
要氏原一本祖孙升堂荐俎荐豆，全孝道户族乃廿家父子入室，序昭序穆表忱心。

附录5 碑文选录

1.师家沟师氏家祠敦诚堂序

　　闻之礼曰：君子将营，宫室宗庙为先，盖自天子至于庶人，莫不口口祀，是故求诸阴阳所以至孝也，尽其物志所以至敬也。我师口口创垂，家牒无传，后人之继述年谱莫稽，洵可慨也。咸丰乙卯岁

□□立祠，构材备用将以有为也，乃家遭多艰时值丛挫，情随事迁□□，伫缵成侍坐，语及前事，余窃喜其能承父之业，而又与余有□□六壬择日卜吉为堂，于室之东上建台，阁下列廊房，经营造作□，而后祖宗之神灵有所附，而昭穆之位置得其序，子孙之供奉□杀得其宜，则所谓敦孝弟、明礼让、笃宗族、昭雍睦，其在斯乎？其在□□。

　　　　　　　敦诚堂　　　费钱　　　三百吊
　　　　　　　敦厚堂　　　费钱　　　四百吊
　　　　　　　　　　　　　　同治二年岁次癸亥仲冬之月师五常
　　　　　　　　　　　　　　　　　　　　　师缵成　立碑

2.师家沟村大庙碑文

　　自来神道设教，建立庙宇，此诚乡曲之盛举也，我村有牛龙马王诸神行官，□自先辈迁于中叶，迄今百有余年。山颓木坏，不堪触目。今岁春，□人聚议整理，有曰：改作之。张大其旧基，工省费轻则可矣。于是择日□工坠者起之缺者补之。后增财神、岱王二尊，保聚完固无事，□观集众腋而为裘策，尽力而成功。兹将好善之乐施与夫首事者之辛勤均足被金石而□□流管弦而常新。

　　　　　　　　　　总管
　　　　　　要　师　师　师　师　要
　　　　　　士　清　鸣　鸣　缵　士
　　　　　　铭　仁　凤　盛　成　德
　　　　　　　　　　湘乡　九品　州同
　　　　　　　　　　知县
　　　　　　　　　　纠首

师　师　师　李　要　师　师　要　师　师　要　师
作　作　庆　国　永　廷　克　鸣　廷　绍　维　其
楫　梅　春　俊　盛　彦　昌　皋　铎　汤　成　清　瑞

　　　　　　　监生　千总　监生

　　　　贡生　　童生　　乡首　　石匠
　　　　师　　　师　　　师师　　郝
　　　　五　　　恒　　　作昇　　喜
　　　　常　　　德　　　霖元　　照
　　　　撰文　　书丹

　　　　　　　　　　　　　　光绪二年岁次丙子春三月重修庙碑序

3.师五常墓志碑文

师彦成墓碑对联：明德惟馨奉礼奉牲，
　　　　　　　　孝思不匮继禰继祖。
师五常墓碑对联：春风桃李花开日，
　　　　　　　　秋雨梧桐叶落时。

例授修职郎候补儒学训导 师府君 字天叙墓碑

余自十四岁失怙，茕茕独立，形影相吊，赖母氏朝夕提撕，无辍寒暑，越道光三年，倖拾青衿，是年举一子，颇聪慧，于是无意功名，弃学应世，将家业废者修之，缺者补之，以申岁一子,行成名立,家声克振，适母氏殂，谢明年，同妻郭氏,子彦成，相与治丧，合葬于红那窪服阕后将翔区外,以舒翼超。天衢以高峙，而乃禀命不融。咸丰五年，子復召笈北游，卒于京都，春秋三十有三，斯时也有职衔。悲行路感泣咦伤矣哉。迄于今，每四节之会塊然独处，未尝不潸焉流涕。因思余之一生，功无半点，过有千般，虽洗心涤肠，略为弥缝，然一杯之水安能救车薪之火，一邱之木安能支大厦之广，一人之力安能照百世之远，身非木石，其能久乎，我后久以孝敬为本，不以刻薄为怀，以谦让为度，不以骄傲为量，以谨身节用为元，不以妨日废业为务，将见异日者，诗书流芳，宗社延绪，以光门间之盛，则余虽死之日犹生之年也。

　　　　　　　　　　　　天叙日记时年六十有三　庆松书

后 记

师家沟村位于临汾市汾西县东南部，西、北、东三面环山，南面坡势低缓，与小河相接，视野开阔。小河南岸远山如黛，蜿蜒连绵，景色怡人，山水相映成画。村中主要有师姓和要姓两大家族，其宅院始建于清乾隆三十四年（1769年），经嘉庆、道光、咸丰、同治四朝，逐步扩建而成，共有大小院落三十余座，院落之间有暗门、巷道、窑内暗道连通。这些窑洞院落依山就势，伏于负阴抱阳的山坡上，院中有院，窑上登楼，气势宏伟。

师家沟村的调查从2005年开始，前后持续了四五年。在师家沟村的调查和研究中，我们得到各方面的帮助和支持。山西省住房和城乡建设厅厅长王国正、总规划师李锦生等领导对这套丛书给予了高度重视和积极支持。山西省住房和城乡建设厅城建处处长张海同志（原村镇处处长）对本书的定位、框架提出了许多宝贵意见和具体指导。村镇处处长薛明耀、副处长于丽萍同志为了保证调查研究工作的顺利开展做了大量的组织和协调工作。在2008～2010年期间，先后参加师家沟村调查的硕士研究生和高年级本科生有张宁、田新林、张轩、黄欢、赵雅、李志新、温雪莹、梁双、石伟等。刘捷博士通阅全书，提出许多很好的修改建议。僧念镇前任书记武建明、现任书记乔旭兵、师家沟村党支部书记要耀明、村委主任师建滨对我们的调查研究给予了多方面的支持和帮助。另外，本书的部分工作还得到北京交通大学"红果园'双百'人才培育计划"的资助。在此，一并表示衷心的感谢。

令人欣慰的是，2006年，"师家沟古建筑群"被公布为全国重点文物保护单位。2008年，师家沟村被公布为"中国历史文化名村"。我们愿继续为师家沟村的保护发展做些力所能及的事情，也衷心祝愿师家沟的文化遗产留存千古，并得到合理的开发利用！

本书由薛林平、温雪莹、梁双、石伟、于丽萍分别撰写或整理了相关内容，最后由薛林平统一修改定稿。想必书中还会有遗漏、不妥、错误之处，恳请各界学者及广大读者批评指正。

薛林平
北京交通大学建筑与艺术系
2010年8月1日